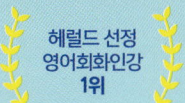
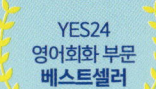
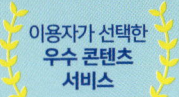

왕초보 영어탈출 해커스톡

기초회화 전문가 **안젤라 선생님** 기초회화 전문가 **더글라스 선생님**

[영어회화인강 1위] 헤럴드 선정 2018 대학생 선호 브랜드 대상 '영어회화 인강' 부문 1위(2018.01.02.), [베스트셀러] YES24 국어 외국어 사전 분야 영어회화/생활영어 부문(2017년 3월 월별 베스트 기준), [우수 콘텐츠] 과학기술정보통신부 주최 한국데이터진흥원 인증 우수 콘텐츠서비스(2017.09.01.)

영어 잘하는 사람은 쉬운 영어가 자동발사!

10분 집중
최적의 집중 시간 15분
그보다 짧은
10분 강의로 집중력 UP!

패턴 연상
하나의 패턴만으로
수십개 문장 만들기
짧고 긴 모든 문장을
패턴 하나로

반복 훈련
학습자와 끊임없이
소통하며 복습하는 강의
기억력을 높여주는
4단계 반복 학습

쉬운 영어
OH~ easy!
실생활에서 주로 쓰는
쉬운 단어와 예문 학습
왕초보도 쉬운 영어로
실생활 회화까지 끝!

해커스톡 자동발사영어 100% 활용방법

교재 무료 동영상강의 [일부 강의 무료제공]
① 해커스톡 사이트(HackersTalk.co.kr) 접속 후 로그인합니다.
② 사이트 상단 탭의 [무료강의/자료 → 해커스톡TV]를 클릭하여 본 교재 강의를 수강합니다.

교재 무료 MP3
① 해커스톡 사이트(HackersTalk.co.kr) 접속 후 로그인합니다.
② 사이트 상단 탭의 [무료강의/자료 → 무료 자료/MP3]를 클릭해 주세요.
③ [무료 MP3/자료] 중, 본 교재의 '예문음성/복습용 MP3'를 클릭하여 다운로드합니다.

무료 레벨테스트
① 해커스톡 사이트(HackersTalk.co.kr) 접속합니다.
② 사이트 상단 탭의 [무료 레벨테스트]를 클릭하여 이용합니다.

레벨테스트 바로 가기 ▲

해커스톡 자동발사영어 팟캐스트
① 팟빵 사이트(www.Podbbang.com) 혹은 어플이나, 아이폰 Podcast 어플에서 '해커스톡'을 검색하여 이용합니다.

팟빵에서 팟캐스트 들어보기 ▲

초판 7쇄 발행 2023년 3월 20일
초판 1쇄 발행   2016년 12월 8일

지은이	해커스 어학연구소
펴낸곳	(주)해커스 어학연구소
펴낸이	해커스 어학연구소 출판팀

주소	서울특별시 서초구 강남대로61길 23 (주)해커스 어학연구소
고객센터	02-537-5000
교재 관련 문의	publishing@hackers.com
동영상강의	HackersTalk.co.kr

ISBN	978-89-6542-203-7 (13740)
Serial Number	01-07-01

저작권자 ⓒ 2016, 해커스 어학연구소
이 책 및 음성파일의 모든 내용, 이미지, 디자인, 편집 형태에 대한 저작권은
저자에게 있습니다. 서면에 의한 저자와 출판사의 허락 없이 내용의 일부 혹은 전부를
인용, 발췌하거나 복제, 배포할 수 없습니다.

해커스톡(HackersTalk.co.kr)
· 패턴 학습법으로 누구나 쉽게 말하는 **자동발사영어 강의 제공**
· 따라만 해도 영어 말문이 트이는 **교재 예문음성 MP3 무료 제공**
· 체계적인 학습 커리큘럼으로 **단계별 실력 완성 가능**

해커스톡 영어회화 시리즈

에코잉 학습법으로 영어 자동발사
해커스톡 자동발사영어

"가이드 없이 자유롭게 해외여행 하고 싶어요."

"외국 고객에게 안부인사를 할 수 있었으면 좋겠어요."

"유치원생 손자에게 영어 할 줄 아는 멋진 할머니가 되고 싶네요."

"쉽게, 바로, 자유롭게"
우리는 영어를 말하고 싶어하죠.

해커스 자동발사영어와 함께라면,
문법이나 어려운 단어를 몰라도 영어로 말할 수 있어요!

"교환학생 가기 전, 영어울렁증 극복하고 싶습니다."

"아이 초등학교 입학 전 영어 정도는 제가 직접 봐주고 싶어요."

해커스톡 자동발사영어
기초영어 말하기 1탄

에코잉 학습법으로 영어 자동발사!

어릴 때 영어 공부 참 열심히 했는데도 **영어 말하기는 늘 어렵기만 하죠.**
정작 영어로 말해야 하는 상황이 오면 머리 속이 뒤죽박죽이 되면서 간단한 말 한마디도 입 밖으로 꺼내기가 참 어려워요.

에코잉 학습법으로 따라만 하면 영어가 자동으로 발사 돼요!

> 📡 **에코잉 학습법이란?**
> 선생님이나 원어민의 음성을 듣고 메아리처럼 따라하는 학습법으로, 따라하기만 하면 자신도 모르게 문장의 내용을 귀로 듣고, 뇌로 이해하게 되는 동시에 발음이 교정된다. 이 학습법을 따라 훈련하다보면, 내가 생각하는 문장이 바로 영어로 나오게 된다.

이렇게 학습하세요

 따라하며 톡!

영어 문장을 큰 소리로 따라하며 영어 문장이 자동 발사 될 때까지 에코잉 해 보세요. 실제로 이 문장이 쓰이는 상황들과 함께 학습해 보세요.

 자동발사 톡!

주어진 상황을 떠올리며 우리말만 보고 영어로 자동발사 해 보세요. 자신도 모르게 영어가 자동발사가 될 수 있도록 합니다.

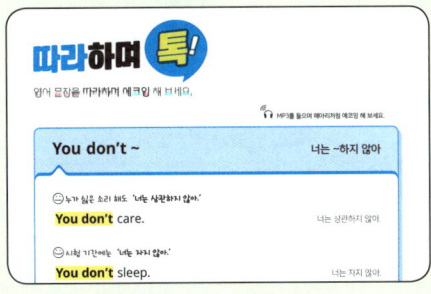

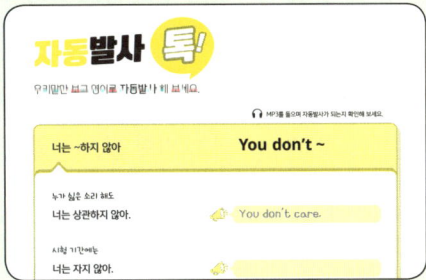

목차

DAY 01 나는 요리해. 7
I **cook**. 나는 ~해

DAY 02 나는 운전하지 않아. 15
I **don't** drive. 나는 ~하지 않아

DAY 03 너는 일하니? 23
Do you work? 너는 ~하니?

DAY 04 그는 대학에 다녀. 31
He **goes** to college. 그는 ~해

DAY 05 그는 멈추지 않아. 39
He **doesn't** stop. 그는 ~하지 않아

DAY 06 그는 게임을 하니? 47
Does he play games? 그는 ~하니?

DAY 07 웃어! 55
Smile! ~해! / ~해봐!

DAY 08 나는 너를 가르쳐 줄 수 있어. 63
I **can** teach you. 나는 ~할 수 있어

DAY 09 나는 노래할 수 없어. 71
I **can't** sing. 나는 ~할 수 없어

DAY 10 너는 이걸 열 수 있니? 79
Can you open this? 너는 ~할 수 있니?

DAY 11 나는 그를 찾을 거야. 87
I **will** find him. 나는 ~할 거야

DAY 12 나는 울지 않을 거야. 95
I **won't** cry. 나는 ~하지 않을 거야

DAY 13 너는 나와 결혼할 거니? 103
Will you marry me? 너는 ~할 거니? / ~할까?

DAY 14 나는 이걸 팔지도 몰라. 111
I **might** sell this. 나는 ~할지도 몰라

DAY 15 나는 기다리지 않을지도 몰라. 119
I **might not** wait. 나는 ~하지 않을지도 몰라

해커스톡 자동발사영어
기초영어 말하기 1탄

DAY 16	나는 저걸 사야 해. **I should** buy that. 나는 ~해야 해	127
DAY 17	나는 그녀에게 전화하면 안 돼. **I shouldn't** call her. 나는 ~하면 안 돼	135
DAY 18	나는 이걸 끝내야만 해. **I must** finish this. 나는 ~해야만 해	143
DAY 19	나는 절대 마시면 안 돼. **I must not** drink. 나는 절대 ~하면 안 돼	151
DAY 20	나는 자야만 해. **I have to** sleep. 나는 ~해야만 해	159
DAY 21	나는 돈을 내지 않아도 돼. **I don't have to** pay. 나는 ~하지 않아도 돼	167
DAY 22	내가 이걸 먹어야만 하니? **Do I have to** eat this? 내가 ~해야만 하니?	175

DAY 23	나는 엄마야. **I'm** a mother. 나는 (누구)야 / (어떠)해	183
DAY 24	나는 모델이 아니야. **I'm not** a model. 나는 (누구)가 아니야 / (어떠)하지 않아	189
DAY 25	너는 학생이야. **You're** a student. 너는 (누구)야 / (어떠)해	195
DAY 26	너는 슈퍼맨이 아니야. **You're not** Superman. 너는 (누구)가 아니야 / (어떠)하지 않아	201
DAY 27	너는 의사니? **Are you** a doctor? 너는 (누구)니? / (어떠)하니?	207
DAY 28	그는 친구야. **He's** a friend. 그는 (누구)야 / (어떠)해	213
DAY 29	그녀는 애가 아니야. **She's not** a child. 그녀는 (누구)가 아니야 / (어떠)하지 않아	221
DAY 30	그는 가수니? **Is he** a singer? 그는 (누구)니? / (어떠)하니?	229

왕초보영어 탈출
해커스톡

DAY 01

나는 요리해.
I cook.   나는 ~해

요즘 나 같은 남자가 대세잖아~
먹고 싶은 거 있으면 말만 해!
내가 다~ 만들어 줄게~
나는 요리해.
I cook.

이렇게 말해요!

'요리해'는 cook, '나는 요리해'는 그 앞에 **I** 를 붙이면 돼요. 그리고, '나는 파스타를 요리해'는 I cook 뒤에 **pasta**를 붙이면 돼요.

- **나는** 요리해. I cook.
- 나는 **파스타를** 요리해. I cook **pasta**.

영어 문장을 **따라하며** 에코잉 해 보세요.

🎧 MP3를 들으며 메아리처럼 에코잉 해 보세요.

I ~   나는 ~해

😊 월요일부터 금요일까지 '나는 일해.'   *영어 문장이 실제로 쓰이는 상황을 같이 보면 더 기억하기 쉬워요!*

I work.   나는 일해.

😊 앉을 곳만 보이면 '나는 앉아.'

I sit.   나는 앉아.

😊 잘은 못해도 '나는 노력해.'

I try.   나는 노력해.

☹ 슬픈 영화를 볼 때마다 '나는 울어.'

I cry.   나는 울어.

😊 애들 가르치려고 '나는 영어를 공부해.'

I study English.   나는 영어를 공부해.

😊 배고프면 기운이 없어서 '나는 아침밥을 먹어.'

I eat breakfast.   나는 아침밥을 먹어.

😊 지하철이 끊기면 '나는 택시를 타.'

I take a taxi.   나는 택시를 타.

a는 '하나'임을 나타내요.

breakfast [브뤡풔스트] 아침밥

우리말만 보고 영어로 **자동발사** 해 보세요.

🎧 MP3를 들으며 자동발사가 되는지 확인해 보세요.

나는 ~해   I ~

월요일부터 금요일까지
나는 일해.   📢 I work.

앉을 곳만 보이면
나는 앉아.   📢

잘은 못해도
나는 노력해.   📢

슬픈 영화를 볼 때마다
나는 울어.   📢

애들 가르치려고
나는 영어를 공부해.   📢

배고프면 기운이 없어서
나는 아침밥을 먹어.   📢

지하철이 끊기면
나는 택시를 타.   📢

영어 문장을 **따라하며** 에코잉 해 보세요.

🎧 MP3를 들으며 메아리처럼 에코잉 해 보세요.

You ~ 너는 ~해

😊 항상 열심히 '너는 일해.'
You work. 너는 일해.

😊 다리가 아프면 '너는 앉아.'
You sit. 너는 앉아.

😊 어떤 상황에서도 '너는 노력해.'
You try. 너는 노력해.

☹ 헤어질 때마다 '너는 울어.'
You cry. 너는 울어.

😊 미드 보려고 '너는 영어를 공부해.'
You study English. 너는 영어를 공부해.

😊 건강을 위해 '너는 아침밥을 먹어.'
You eat breakfast. 너는 아침밥을 먹어.

😊 걸어가도 될 거리를, '너는 택시를 타.'
You take a taxi. 너는 택시를 타.

breakfast [브뤡풔스트] 아침밥

우리말만 보고 영어로 **자동발사** 해 보세요.

🎧 MP3를 들으며 자동발사가 되는지 확인해 보세요.

너는 ~해	You ~

항상 열심히
너는 일해.   📢 You work.

다리가 아프면
너는 앉아.   📢

어떤 상황에서도
너는 노력해.   📢

헤어질 때마다
너는 울어.   📢

미드 보려고
너는 영어를 공부해.   📢

건강을 위해
너는 아침밥을 먹어.   📢

걸어가도 될 거리를
너는 택시를 타.   📢

영어 문장을 따라하며 에코잉 해 보세요.

🎧 MP3를 들으며 메아리처럼 에코잉 해 보세요.

We ~ 　　　　　　　　　　　　　　　　　　우리는 ~해

😊 비가 오나 눈이 오나 '우리는 일해.'
We work. 　　　　　　　　　　　　　　　　　우리는 일해.

😊 자리가 나면 '우리는 앉아.'
We sit. 　　　　　　　　　　　　　　　　　　우리는 앉아.

😊 그럼에도 불구하고 '우리는 노력해.'
We try. 　　　　　　　　　　　　　　　　　　우리는 노력해.

😢 감동을 받으면 '우리는 울어.'
We cry. 　　　　　　　　　　　　　　　　　　우리는 울어.

😊 "해커스톡"으로 '우리는 영어를 공부해.'
We study English. 　　　　　　　　　　　　　우리는 영어를 공부해.

😊 입맛이 없더라도 '우리는 아침밥을 먹어.'
We eat breakfast. 　　　　　　　　　　　　우리는 아침밥을 먹어.

😊 약속 시간에 늦으면 '우리는 택시를 타.'
We take a taxi. 　　　　　　　　　　　　　　우리는 택시를 타.

breakfast [브뤡퓌스트] 아침밥

우리말만 보고 영어로 **자동발사** 해 보세요.

MP3를 들으며 자동발사가 되는지 확인해 보세요.

| 우리는 ~해 | **We ~** |

비가 오나 눈이 오나
우리는 일해. We work.

자리가 나면
우리는 앉아.

그럼에도 불구하고
우리는 노력해.

감동을 받으면
우리는 울어.

"해커스톡"으로
우리는 영어를 공부해.

입맛이 없더라도
우리는 아침밥을 먹어.

약속 시간에 늦으면
우리는 택시를 타.

일상에서 쓰는 진짜 영어, 쉬운 영어!

10월 12일

 성훈
내가 얼마 전에 외국인 친구를 만들었거든?

그런데 내가 영어를 못해서 그런가...
내 말을 잘 안 믿더라고 이 친구가

수진
그래서 어떻게 했어? ㅋㅋ

 성훈
그냥 '나는 진심이야'라고 'I am real heart'
라고 했지. 근데 이렇게 하는 거 맞아?

수진
I mean it. 나는 진심이야.
이렇게 말해봐

 성훈
오~~ 감사!! 진짜 쉽네 ㅋㅋ 고맙다!

  보내기

나는 운전하지 않아.
I don't drive.   나는 ~하지 않아

> 핸들만 잡으면 심장이 쿵쾅거려.
> 뒤에서 빵빵거리면 눈 앞이 캄캄해져.
> 나는 오래 살고 싶어.
> **나는 운전하지 않아.**
> **I don't drive.**

'운전해'는 drive, '나는 운전하지 않아'는 그 앞에 **I don't**를 붙이면 돼요.

- 나는 운전하지 않아.   **I don't** drive.

★ don't는 do not의 줄임말이고, 말할 때는 don't를 많이 써요.

영어 문장을 **따라하며** 에코잉 해 보세요.

MP3를 들으며 메아리처럼 에코잉 해 보세요.

I don't ~
나는 ~하지 않아

그러든지 말든지 '나는 상관하지 않아.'
I don't care.   나는 상관하지 않아.

영어 문장이 실제로 쓰이는 상황을 같이 보면 더 기억하기 쉬워요!

12시 전에는 '나는 자지 않아.'
I don't sleep.   나는 자지 않아.

음치라서 '나는 노래하지 않아.'
I don't sing.   나는 노래하지 않아.

건강에 안 좋아서 '나는 술 마시지 않아.'
I don't drink.   나는 술 마시지 않아.

민우? '나는 그를 좋아하지 않아.'
I don't like him.   나는 그를 좋아하지 않아.

보는 것만 좋아해. '나는 축구를 하지 않아.'
I don't play soccer.   나는 축구를 하지 않아.

필요 없을 것 같아서 '나는 그걸 원하지 않아.'
I don't want it.   나는 그걸 원하지 않아.

care [케어] 상관하다   soccer [싸커] 축구

우리말만 보고 영어로 **자동발사** 해 보세요.

🎧 MP3를 들으며 자동발사가 되는지 확인해 보세요.

| 나는 ~하지 않아 | **I don't ~** |

그러든지 말든지
나는 상관하지 않아. 📢 I don't care.

12시 전에는
나는 자지 않아.

음치라서
나는 노래하지 않아.

건강에 안 좋아서
나는 술 마시지 않아.

민우?
나는 그를 좋아하지 않아.

보는 것만 좋아해.
나는 축구를 하지 않아.

필요 없을 것 같아서
나는 그걸 원하지 않아.

영어 문장을 **따라하며** 에코잉 해 보세요.

🎧 MP3를 들으며 메아리처럼 에코잉 해 보세요.

You don't ~ 　　　　　　　　　　　너는 ~하지 않아

🙂 누가 싫은 소리 해도 '너는 상관하지 않아.'
You don't care. 　　　　　　　　　　　너는 상관하지 않아.

🙂 시험 기간에는 '너는 자지 않아.'
You don't sleep. 　　　　　　　　　　　너는 자지 않아.

🙂 쑥스러워서 '너는 노래하지 않아.'
You don't sing. 　　　　　　　　　　　너는 노래하지 않아.

☹ 아무리 속상해도 '너는 술 마시지 않아.'
You don't drink. 　　　　　　　　　　　너는 술 마시지 않아.

🙂 난 눈치챘어. '너는 그를 좋아하지 않아.'
You don't like him. 　　　　　　　　　너는 그를 좋아하지 않아.

🙂 군대 다녀오고 '너는 축구를 하지 않아.'
You don't play soccer. 　　　　　　　너는 축구를 하지 않아.

🙂 보아하니 '너는 그걸 원하지 않아.'
You don't want it. 　　　　　　　　　너는 그걸 원하지 않아.

care [케어] 상관하다　soccer [싸커] 축구

우리말만 보고 영어로 **자동발사** 해 보세요.

🎧 MP3를 들으며 자동발사가 되는지 확인해 보세요.

| 너는 ~하지 않아 | **You don't ~** |

누가 싫은 소리 해도
너는 상관하지 않아.   📢 You don't care.

시험 기간에는
너는 자지 않아.

쑥스러워서
너는 노래하지 않아.

아무리 속상해도
너는 술 마시지 않아.

난 눈치챘어.
너는 그를 좋아하지 않아.

군대 다녀오고
너는 축구를 하지 않아.

보아하니
너는 그걸 원하지 않아.

영어 문장을 따라하며 에코잉 해 보세요.

MP3를 들으며 메아리처럼 에코잉 해 보세요.

We don't ~ 우리는 ~하지 않아

😊 관심 밖의 일이라 '우리는 상관하지 않아.'
We don't care. 우리는 상관하지 않아.

😊 밤새 놀 때 '우리는 자지 않아.'
We don't sleep. 우리는 자지 않아.

😊 자신이 없어서 '우리는 노래하지 않아.'
We don't sing. 우리는 노래하지 않아.

😊 워낙 못 마셔서 '우리는 술 마시지 않아.'
We don't drink. 우리는 술 마시지 않아.

☹ 싸우고 나서 '우리는 그를 좋아하지 않아.'
We don't like him. 우리는 그를 좋아하지 않아.

😊 농구를 주로 하지 '우리는 축구를 하지 않아.'
We don't play soccer. 우리는 축구를 하지 않아.

☹ 별로 마음에 안 들어서 '우리는 그걸 원하지 않아.'
We don't want it. 우리는 그걸 원하지 않아.

care [케어] 상관하다   soccer [싸커] 축구

우리말만 보고 영어로 **자동발사** 해 보세요.

🎧 MP3를 들으며 자동발사가 되는지 확인해 보세요.

| 우리는 ~하지 않아 | **We don't ~** |

관심 밖의 일이라
우리는 상관하지 않아. 📣 We don't care.

밤새 놀 때
우리는 자지 않아. 📣

자신이 없어서
우리는 노래하지 않아. 📣

워낙 못 마셔서
우리는 술 마시지 않아. 📣

싸우고 나서
우리는 그를 좋아하지 않아. 📣

농구를 주로 하지
우리는 축구를 하지 않아. 📣

별로 마음에 안 들어서
우리는 그걸 원하지 않아. 📣

일상에서 쓰는 진짜 영어, 쉬운 영어!

4월 7일

 수진
니가 좋아하는 배우 이번에 영화 새로 찍었더라?

현정
그래?

그러든지 말든지
I don't care. 나는 상관하지 않아.

 수진
웬일이야? 죽을 때까지 사랑하겠다더니ㅋㅋㅋ

현정
이젠 관심 없어~

백날 좋아해봐야 만날 일도 없단 걸
깨닫고 남친에게 집중하기로 했어

 수진

보내기

DAY 03

> **너는 일하니?**
> Do you work?   너는 ~하니?

> 오~ 너 오늘 너무 멋진데?
> 아침부터 이렇게 쫙 빼 입고…
> 어디 좋은 데 가? 아, 진짜? 회사?
> **너는 일하니?**
> **Do you work?**

이렇게 말해요!

'일해'는 work, '너는 일하니?'는 그 앞에 **Do you**를 붙이면 돼요.

- 너는 일하니?   **Do you** work?

따라하며 톡!

영어 문장을 **따라하며 에코잉** 해 보세요.

🎧 MP3를 들으며 메아리처럼 에코잉 해 보세요.

Do you ~?   너는 ~하니?

😊 좋은 생각 같은데, '너는 동의하니?'

> 영어 문장이 실제로 쓰이는 상황을 같이 보면 더 기억하기 쉬워요!

Do you agree?   너는 동의하니?

😊 그건 어때? '너는 그걸 좋아하니?'

Do you like it?   너는 그걸 좋아하니?

😊 우리 부장님인데, '너는 그를 아니?'

Do you know him?   너는 그를 아니?

😊 힘들어 보이는데, '너는 도움이 필요하니?'

Do you need help?   너는 도움이 필요하니?

😊 잠시 빌리고 싶은데, '너는 이걸 쓰니?'

Do you use this?   너는 이걸 쓰니?

😊 토요일에 '너는 계획이 있니?'

Do you have a plan?   너는 계획이 있니?

😊 회사 갈 때 '너는 버스를 타니?'

Do you take a bus?   너는 버스를 타니?

agree [어그뤼] 동의하다   **help** [헬프] 도움

우리말만 보고 영어로 **자동발사** 해 보세요.

🎧 MP3를 들으며 자동발사가 되는지 확인해 보세요.

너는 ~하니?   Do you ~?

좋은 생각 같은데,
너는 동의하니?   📢 Do you agree?

그건 어때?
너는 그걸 좋아하니?   📢

우리 부장님인데,
너는 그를 아니?   📢

힘들어 보이는데,
너는 도움이 필요하니?   📢

잠시 빌리고 싶은데,
너는 이걸 쓰니?   📢

토요일에
너는 계획이 있니?   📢

회사 갈 때
너는 버스를 타니?   📢

영어 문장을 **따라하며** 에코잉 해 보세요.

 MP3를 들으며 메아리처럼 에코잉 해 보세요.

Do we ~? 　　　　　　　　　　　　　　　　　우리는 ~하니?

☺ 그렇게 진행하는 것에, '우리는 동의하니?'
Do we agree? 　　　　　　　　　　　　　　　우리는 동의하니?

☺ 다들 별로라던데, '우리는 그걸 좋아하니?'
Do we like it? 　　　　　　　　　　　　　　　우리는 그걸 좋아하니?

☺ 우리한테 인사한 사람, '우리는 그를 아니?'
Do we know him? 　　　　　　　　　　　　　우리는 그를 아니?

☺ 여럿이 모였는데도, '우리는 도움이 필요하니?'
Do we need help? 　　　　　　　　　　　　　우리는 도움이 필요하니?

☺ 버리려고 하는데, '우리는 이걸 쓰니?'
Do we use this? 　　　　　　　　　　　　　　우리는 이걸 쓰니?

☺ 다음 주에 '우리는 계획이 있니?'
Do we have a plan? 　　　　　　　　　　　　우리는 계획이 있니?

☺ 뭐 타고 가? '우리는 버스를 타니?'
Do we take a bus? 　　　　　　　　　　　　　우리는 버스를 타니?

agree [어그뤼] 동의하다 　　**help** [헬프] 도움

우리말만 보고 영어로 **자동발사** 해 보세요.

🎧 MP3를 들으며 자동발사가 되는지 확인해 보세요.

우리는 ~하니?   Do we ~?

그렇게 진행하는 것에,
우리는 동의하니?   📢 Do we agree?

다들 별로라던데,
우리는 그걸 좋아하니?

우리한테 인사한 사람,
우리는 그를 아니?

여럿이 모였는데도,
우리는 도움이 필요하니?

버리려고 하는데,
우리는 이걸 쓰니?

다음 주에
우리는 계획이 있니?

뭐 타고 가?
우리는 버스를 타니?

영어 문장을 따라하며 에코잉 해 보세요.

 MP3를 들으며 메아리처럼 에코잉 해 보세요.

Do they ~? 　　　　　　　　　　　　　　　　　그들은 ~하니?

😊 새로운 의견에. '그들은 동의하니?'
Do they agree? 　　　　　　　　　　　　　　　그들은 동의하니?

😊 반응이 어때? '그들은 그걸 좋아하니?'
Do they like it? 　　　　　　　　　　　　　　　그들은 그걸 좋아하니?

😊 세상 참 좁네. '그들은 그를 아니?'
Do they know him? 　　　　　　　　　　　　　　그들은 그를 아니?

☹ 우왕좌왕하더라. '그들은 도움이 필요하니?'
Do they need help? 　　　　　　　　　　　　　　그들은 도움이 필요하니?

😊 유행 지났잖아. '그들은 이걸 쓰니?'
Do they use this? 　　　　　　　　　　　　　　　그들은 이걸 쓰니?

☹ 같이 가면 좋겠는데. '그들은 계획이 있니?'
Do they have a plan? 　　　　　　　　　　　　　그들은 계획이 있니?

😊 여행갈 때. '그들은 버스를 타니?'
Do they take a bus? 　　　　　　　　　　　　　그들은 버스를 타니?

agree [어그뤼] 동의하다　　**help** [헬프] 도움

우리말만 보고 영어로 **자동발사** 해 보세요.

🎧 MP3를 들으며 자동발사가 되는지 확인해 보세요.

그들은 ~하니?   Do they ~?

새로운 의견에
그들은 동의하니?   📢 Do they agree?

반응이 어때?
그들은 그걸 좋아하니?   📢

세상 참 좁네.
그들은 그를 아니?   📢

우왕좌왕하더라.
그들은 도움이 필요하니?   📢

유행 지났잖아.
그들은 이걸 쓰니?   📢

같이 가면 좋겠는데.
그들은 계획이 있니?   📢

여행갈 때
그들은 버스를 타니?   📢

일상에서 쓰는 진짜 영어, 쉬운 영어!

12월 5일

민성
토요일에
Do you have a plan? 계획 있어?

다정
응

민성
아... 그래? 그럼 일요일에는?

다정
있어

민성
왜 이렇게 바빠... ㅠㅠ

다정
토요일에는 자기랑 저녁 먹을 거고
일요일에는 자기랑 영화 볼 거야

보내기

그는 대학에 다녀.
He goes to college. 그는 ~해

이렇게 말해요!

'대학에 다녀'는 go to college, '그는 대학에 다녀'는 그 앞에 **He**를 붙이면 돼요. 그(He)나 그녀(She)로 문장이 시작하면 행동(go)에 **s**나 **es**를 붙여서 말해요.

· 그는 대학에 다녀.　　　　**He goes** to college.

영어 문장을 **따라하며** 에코잉 해 보세요.

🎧 MP3를 들으며 메아리처럼 에코잉 해 보세요.

He ~(e)s 그는 ~해

😊 매일 아침 '그는 커피를 만들어.' *영어 문장이 실제로 쓰이는 상황을 같이 보면 더 기억하기 쉬워요!*
He makes coffee. 그는 커피를 만들어.

😊 유명한 데 가서 '그는 사진을 찍어.'
He takes a picture. 그는 사진을 찍어.

😊 중요한 고객을 만날 때면 '그는 정장을 입어.'
He wears a suit. 그는 정장을 입어.

😊 한강에 가면 '그는 자전거를 타.'
He rides a bicycle. 그는 자전거를 타.

😊 휴가 때마다 '그는 친구를 만나.'
He meets a friend. 그는 친구를 만나.

😊 데이트할 때 '그는 영화를 봐.'
He watches a movie. 그는 영화를 봐.

😊 그녀가 밥을 하고, '그는 설거지를 해.'
He washes the dishes. 그는 설거지를 해.

suit [쑤트] 정장   **wash the dishes** [워쉬 더 디쉬즈] 설거지를 하다

우리말만 보고 영어로 **자동발사** 해 보세요.

🎧 MP3를 들으며 자동발사가 되는지 확인해 보세요.

| 그는 ~해 | He ~(e)s |

매일 아침
그는 커피를 만들어. 📢 He makes coffee.

유명한 데 가서
그는 사진을 찍어. 📢

중요한 고객을 만날 때면
그는 정장을 입어. 📢

한강에 가면
그는 자전거를 타. 📢

휴가 때마다
그는 친구를 만나. 📢

데이트할 때
그는 영화를 봐. 📢

그녀가 밥을 하고,
그는 설거지를 해. 📢

영어 문장을 **따라하며** 에코잉 해 보세요.

🎧 MP3를 들으며 메아리처럼 에코잉 해 보세요.

She ~(e)s　　　　　　　　　　　그녀는 ~해

😊 사 먹는 게 부담돼서 '그녀는 커피를 만들어.'
She makes coffee.　　　　　　　　　　　그녀는 커피를 만들어.

😊 휴대폰으로 '그녀는 사진을 찍어.'
She takes a picture.　　　　　　　　　　그녀는 사진을 찍어.

😊 면접을 보러 갈 때 '그녀는 정장을 입어.'
She wears a suit.　　　　　　　　　　　그녀는 정장을 입어.

😊 등굣길에 '그녀는 자전거를 타.'
She rides a bicycle.　　　　　　　　　　그녀는 자전거를 타.

😊 수다를 떨고 싶을 때 '그녀는 친구를 만나.'
She meets a friend.　　　　　　　　　　그녀는 친구를 만나.

😊 심심할 때 '그녀는 영화를 봐.'
She watches a movie.　　　　　　　　　그녀는 영화를 봐.

😊 식사를 마치면 바로 '그녀는 설거지를 해.'
She washes the dishes.　　　　　　　　그녀는 설거지를 해.

suit [쑤트] 정장　　wash the dishes [워쉬 더 디쉬즈] 설거지를 하다

우리말만 보고 영어로 **자동발사** 해 보세요.

🎧 MP3를 들으며 자동발사가 되는지 확인해 보세요.

| 그녀는 ~해 | She ~(e)s |

사 먹는 게 부담돼서
그녀는 커피를 만들어.   📢 She makes coffee.

휴대폰으로
그녀는 사진을 찍어.

면접을 보러 갈 때
그녀는 정장을 입어.

등굣길에
그녀는 자전거를 타.

수다를 떨고 싶을 때
그녀는 친구를 만나.

심심할 때
그녀는 영화를 봐.

식사를 마치면 바로
그녀는 설거지를 해.

영어 문장을 **따라하며 에코잉** 해 보세요.

🎧 MP3를 들으며 메아리처럼 에코잉 해 보세요.

유진 ~(e)s　　　　　　　　　　　　　　유진이는 ~해

☺ 졸리면 '유진이는 커피를 만들어.'
유진 makes coffee.　　　　　　　　　　유진이는 커피를 만들어.

☺ 맛집에 가면 '유진이는 사진을 찍어.'
유진 takes a picture.　　　　　　　　　유진이는 사진을 찍어.

☺ 회사 갈 때 '유진이는 정장을 입어.'
유진 wears a suit.　　　　　　　　　　유진이는 정장을 입어.

☺ 가까운 곳에 갈 때 '유진이는 자전거를 타.'
유진 rides a bicycle.　　　　　　　　　유진이는 자전거를 타.

☺ 금요일 밤이면 '유진이는 친구를 만나.'
유진 meets a friend.　　　　　　　　　유진이는 친구를 만나.

☺ 주로 TV로 '유진이는 영화를 봐.'
유진 watches a movie.　　　　　　　　유진이는 영화를 봐.

☺ 빨래보단 낫다며 '유진이는 설거지를 해.'
유진 washes the dishes.　　　　　　　유진이는 설거지를 해.

suit [쑤트] 정장　　wash the dishes [워쉬 더 디쉬즈] 설거지를 하다

우리말만 보고 영어로 **자동발사** 해 보세요.

🎧 MP3를 들으며 자동발사가 되는지 확인해 보세요.

| 유진이는 ~해 | 유진 ~(e)s |

졸리면
유진이는 커피를 만들어.   📣 유진 makes coffee.

맛집에 가면
유진이는 사진을 찍어.

회사 갈 때
유진이는 정장을 입어.

가까운 곳에 갈 때
유진이는 자전거를 타.

금요일 밤이면
유진이는 친구를 만나.

주로 TV로
유진이는 영화를 봐.

빨래보단 낫다며
유진이는 설거지를 해.

일상에서 쓰는 진짜 영어, 쉬운 영어!

3월 19일

수진
요즘 영화 뭐가 재밌어?

 성훈
음... 승호한테 물어봐

수진
아... 승호 영화 좋아해?

 성훈
사실, 걘 영화 보는 거 별로 안 좋아해

근데 걔 여친이 너무 좋아해

데이트할 때
He watches a movie. 그는 영화를 봐.

수진

 보내기

DAY 05

그는 멈추지 않아.
He doesn't stop.

그는 ~하지 않아

그 친구의 장점은 끈기와 인내지! 한 번 시작하면 끝장을 볼 때까지 **그는 멈추지 않아. He doesn't stop.**

이렇게 말해요!

'멈춰'는 stop, '그는 멈추지 않아'는 그 앞에 He doesn't를 붙이면 돼요.

· 그는 멈추지 않아.　　　　**He doesn't stop.**

★ doesn't는 does not의 줄임말이고, 말할 때는 doesn't를 많이 써요.

영어 문장을 **따라하며 에코잉** 해 보세요.

🎧 MP3를 들으며 메아리처럼 에코잉 해 보세요.

He doesn't ~ 그는 ~하지 않아

😐 웃긴 이야기를 해도 '그는 웃지 않아.'   〔영어 문장이 실제로 쓰이는 상황을 같이 보면 더 기억하기 쉬워요!〕

He doesn't laugh.   그는 웃지 않아.

🙂 은퇴했어. '그는 일하지 않아.'

He doesn't work.   그는 일하지 않아.

🙂 내가 장담할 수 있어. '그는 거짓말하지 않아.'

He doesn't lie.   그는 거짓말하지 않아.

🙂 웬만해서 '그는 싸우지 않아.'

He doesn't fight.   그는 싸우지 않아.

🙂 비행기 타는 게 힘들다며 '그는 여행 가지 않아.'

He doesn't travel.   그는 여행 가지 않아.

🙂 술 끊어서 '그는 맥주를 마시지 않아.'

He doesn't drink beer.   그는 맥주를 마시지 않아.

🙁 느끼하대. '그는 치즈를 좋아하지 않아.'

He doesn't like cheese.   그는 치즈를 좋아하지 않아.

laugh [래프] 웃다   **travel** [트뤠블] 여행 가다

우리말만 보고 영어로 **자동발사** 해 보세요.

🎧 MP3를 들으며 자동발사가 되는지 확인해 보세요.

그는 ~하지 않아   He doesn't ~

웃긴 이야기를 해도
그는 웃지 않아.   📢 He doesn't laugh.

은퇴했어.
그는 일하지 않아.

내가 장담할 수 있어.
그는 거짓말하지 않아.

웬만해서
그는 싸우지 않아.

비행기 타는 게 힘들다며
그는 여행 가지 않아.

술 끊어서
그는 맥주를 마시지 않아.

느끼하대.
그는 치즈를 좋아하지 않아.

영어 문장을 **따라하며** 에코잉 해 보세요.

 MP3를 들으며 메아리처럼 에코잉 해 보세요.

She doesn't ~   그녀는 ~하지 않아

😞 웃을 때가 예쁜데, '그녀는 웃지 않아.'
She doesn't laugh.   그녀는 웃지 않아.

🙂 주말에 '그녀는 일하지 않아.'
She doesn't work.   그녀는 일하지 않아.

🙂 의심하지 마. '그녀는 거짓말하지 않아.'
She doesn't lie.   그녀는 거짓말하지 않아.

🙂 그냥 지고 말지, '그녀는 싸우지 않아.'
She doesn't fight.   그녀는 싸우지 않아.

🙂 돈이 많이 든다고 '그녀는 여행 가지 않아.'
She doesn't travel.   그녀는 여행 가지 않아.

🙂 배 나온다며 '그녀는 맥주를 마시지 않아.'
She doesn't drink beer.   그녀는 맥주를 마시지 않아.

😞 냄새가 싫대. '그녀는 치즈를 좋아하지 않아.'
She doesn't like cheese.   그녀는 치즈를 좋아하지 않아.

laugh [래프] 웃다   **travel** [트뤠블] 여행 가다

우리말만 보고 영어로 **자동발사** 해 보세요.

🎧 MP3를 들으며 자동발사가 되는지 확인해 보세요.

그녀는 ~하지 않아   She doesn't ~

웃을 때가 예쁜데,
그녀는 웃지 않아.   📢 She doesn't laugh.

주말에
그녀는 일하지 않아.

의심하지 마.
그녀는 거짓말하지 않아.

그냥 지고 말지,
그녀는 싸우지 않아.

돈이 많이 든다고
그녀는 여행 가지 않아.

배 나온다며
그녀는 맥주를 마시지 않아.

냄새가 싫대.
그녀는 치즈를 좋아하지 않아.

영어 문장을 **따라하며** 에코잉 해 보세요.

🎧 MP3를 들으며 메아리처럼 에코잉 해 보세요.

Tom doesn't ~   톰은 ~하지 않아

😐 늘 진지한 표정이야. '톰은 웃지 않아.'
Tom doesn't laugh.   톰은 웃지 않아.

😊 엄청 부자래. '톰은 일하지 않아.'
Tom doesn't work.   톰은 일하지 않아.

😊 난 믿어. '톰은 거짓말하지 않아.'
Tom doesn't lie.   톰은 거짓말하지 않아.

😊 사람이 너무 착해서 '톰은 싸우지 않아.'
Tom doesn't fight.   톰은 싸우지 않아.

😊 집이 최고라며 '톰은 여행 가지 않아.'
Tom doesn't travel.   톰은 여행 가지 않아.

😊 소주가 좋다며 '톰은 맥주를 마시지 않아.'
Tom doesn't drink beer.   톰은 맥주를 마시지 않아.

☹️ 소화가 잘 안 된대. '톰은 치즈를 좋아하지 않아.'
Tom doesn't like cheese.   톰은 치즈를 좋아하지 않아.

laugh [래프] 웃다   **travel** [트뤠블] 여행 가다

우리말만 보고 영어로 **자동발사** 해 보세요.

MP3를 들으며 자동발사가 되는지 확인해 보세요.

| 톰은 ~하지 않아 | **Tom doesn't ~** |

늘 진지한 표정이야.
톰은 웃지 않아.   Tom doesn't laugh.

엄청 부자래.
톰은 일하지 않아.

난 믿어.
톰은 거짓말하지 않아.

사람이 너무 착해서
톰은 싸우지 않아.

집이 최고라며
톰은 여행 가지 않아.

소주가 좋다며
톰은 맥주를 마시지 않아.

소화가 잘 안 된대.
톰은 치즈를 좋아하지 않아.

일상에서 쓰는 진짜 영어, 쉬운 영어!

7월 21일

성훈
엄마~

아빠랑 한잔하게 올 때 맥주 좀 사다 줘

 엄마
아빠랑?

술 끊으셔서
He doesn't drink beer. 그는 맥주를 마시지 않아.

성훈
정말? 아빠가 마시자고 그런 건데??

 엄마
뭐?! 이번엔 꼭 끊겠다더니!!

보내기

DAY 06

그는 게임을 하니?
Does he play games?   그는 ~하니?

이렇게 말해요!

'게임을 해'는 play games, '그는 게임을 하니?'는 그 앞에 **Does he**를 붙이면 돼요.

- 그는 게임을 하니?   **Does he** play games?

따라하며 톡!

영어 문장을 **따라하며** 에코잉 해 보세요.

🎧 MP3를 들으며 메아리처럼 에코잉 해 보세요.

Does he ~? 그는 ~하니?

😊 주말에 '그는 요리하니?' *영어 문장이 실제로 쓰이는 상황을 같이 보면 더 기억하기 쉬워요!*
Does he cook? 그는 요리하니?

😊 면허 땄으니까 이제 '그는 운전하니?'
Does he drive? 그는 운전하니?

😊 확실히 '그는 동의하니?'
Does he agree? 그는 동의하니?

😊 소파에 누워서 '그는 TV를 보니?'
Does he watch TV? 그는 TV를 보니?

😊 계속 널 쳐다보던데, '그는 너를 아니?'
Does he know you? 그는 너를 아니?

😊 무슨 일을 하기 전에 '그는 계획을 세우니?'
Does he make a plan? 그는 계획을 세우니?

😊 아직 학생인데, '그는 차를 가지고 있니?'
Does he have a car? 그는 차를 가지고 있니?

agree [어그뤼] 동의하다

우리말만 보고 영어로 **자동발사** 해 보세요.

MP3를 들으며 자동발사가 되는지 확인해 보세요.

그는 ~하니? **Does he ~?**

주말에
그는 요리하니?   Does he cook?

면허 땄으니까 이제
그는 운전하니?

확실히
그는 동의하니?

소파에 누워서
그는 TV를 보니?

계속 널 쳐다보던데,
그는 너를 아니?

무슨 일을 하기 전에
그는 계획을 세우니?

아직 학생인데,
그는 차를 가지고 있니?

영어 문장을 **따라하며 에코잉** 해 보세요.

🎧 MP3를 들으며 메아리처럼 에코잉 해 보세요.

Does she ~? 그녀는 ~하니?

☺ 늘 사 먹는 줄 알았는데, '그녀는 요리하니?'
Does she cook? 그녀는 요리하니?

☺ 출퇴근할 때 '그녀는 운전하니?'
Does she drive? 그녀는 운전하니?

☺ 그 계획에 대해 '그녀는 동의하니?'
Does she agree? 그녀는 동의하니?

☺ 심심할 때 '그녀는 TV를 보니?'
Does she watch TV? 그녀는 TV를 보니?

☺ 아까 인사하던데, '그녀는 너를 아니?'
Does she know you? 그녀는 너를 아니?

☺ 주말에 뭐할지 '그녀는 계획을 세우니?'
Does she make a plan? 그녀는 계획을 세우니?

☺ 은지 차 타고 간다고? '그녀는 차를 가지고 있니?'
Does she have a car? 그녀는 차를 가지고 있니?

agree [어그뤼] 동의하다

우리말만 보고 영어로 **자동발사** 해 보세요.

🎧 MP3를 들으며 자동발사가 되는지 확인해 보세요.

그녀는 ~하니? Does she ~?

늘 사 먹는 줄 알았는데,
그녀는 요리하니? 📢 Does she cook?

출퇴근할 때
그녀는 운전하니?

그 계획에 대해
그녀는 동의하니?

심심할 때
그녀는 TV를 보니?

아까 인사하던데,
그녀는 너를 아니?

주말에 뭐할지
그녀는 계획을 세우니?

윤지 차 타고 간다고?
그녀는 차를 가지고 있니?

영어 문장을 따라하며 에코잉 해 보세요.

🎧 MP3를 들으며 메아리처럼 에코잉 해 보세요.

Does Mr. Kim ~? 　　　　　미스터 김은 ~하니?

🙂 평소에 '미스터 김은 요리하니?'
Does Mr. Kim cook? 　　　　　미스터 김은 요리하니?

🙂 어디 갈 때 '미스터 김은 운전하니?'
Does Mr. Kim drive? 　　　　　미스터 김은 운전하니?

🙂 만장일치여야 하는데, '미스터 김은 동의하니?'
Does Mr. Kim agree? 　　　　　미스터 김은 동의하니?

🙂 밤늦게까지 '미스터 김은 TV를 보니?'
Does Mr. Kim watch TV? 　　　　　미스터 김은 TV를 보니?

🙂 마케팅 부서의 '미스터 김은 너를 아니?'
Does Mr. Kim know you? 　　　　　미스터 김은 너를 아니?

🙂 여행 가기 전에 보통 '미스터 김은 계획을 세우니?'
Does Mr. Kim make a plan? 　　　　　미스터 김은 계획을 세우니?

🙂 픽업이 필요한데, '미스터 김은 차를 가지고 있니?'
Does Mr. Kim have a car? 　　　　　미스터 김은 차를 가지고 있니?

agree [어그뤼] 동의하다

우리말만 보고 영어로 **자동발사** 해 보세요.

🎧 MP3를 들으며 자동발사가 되는지 확인해 보세요.

미스터 김은 ~하니? — **Does Mr. Kim ~?**

평소에
미스터 김은 요리하니? 📣 Does Mr. Kim cook?

어디 갈 때
미스터 김은 운전하니? 📣

만장일치여야 하는데,
미스터 김은 동의하니? 📣

밤늦게까지
미스터 김은 TV를 보니? 📣

마케팅 부서의
미스터 김은 너를 아니? 📣

여행 가기 전에 보통
미스터 김은 계획을 세우니? 📣

픽업이 필요한데,
미스터 김은 차를 가지고 있니? 📣

일상에서 쓰는 진짜 영어, 쉬운 영어!

3월 5일

 딸
아빠 이거 봐! 완전 귀엽지!!!

아빠
귀엽네~ 웬 강아지야?

 딸
내가 키우려고 데려왔어~

아빠
음... 딸, 근데 엄마도 이걸 알고 있니?
그 계획에 대해
Does she agree? 그녀는 동의하니?

 딸

보내기

DAY 07

웃어!
Smile!   ~해! / ~해봐!

> 아니,
> 신랑 신부 표정이 왜 그래~
> 입가에 경련 일겠어!
> 이 사진 평생 가는 거 알지?
> 자 찍는다! 긴장 풀고~
> 웃어!
> **Smile!**

이렇게 말해요!

'웃어'는 smile, '웃어!, 웃어봐!'는 **행동**(smile)만 말하면 돼요. '웃지마'는 그 앞에 **Don't**를 붙이면 돼요.

- 웃어! / 웃어봐!   **Smile!**
- 웃지 마.   **Don't** smile.

★ 맨 앞에 Please를 붙이면 좀 더 공손한 부탁이 돼요.

영어 문장을 **따라하며** 에코잉 해 보세요.

🎧 MP3를 들으며 메아리처럼 에코잉 해 보세요.

~! ~해! / ~해봐!

😞 너 이러다 늦겠다. '가봐!'
Go! 가봐!

🙂 저기 연예인 아니니? '봐!'
Look! 봐!

🙂 쉿! '들어봐!'
Listen! 들어봐!

🙂 그쪽으로 바로 '와!'
Come! 와!

🙂 뭔데? '나에게 말해봐!'
Tell me! 나에게 말해봐!

😞 난 잘 모르니까, '그에게 물어봐!'
Ask him! 그에게 물어봐!

🙂 나 거기 어딘지 알아! '나를 따라와!'
Follow me! 나를 따라와!

follow [팔로우] 따라오다, 따르다

자동발사 톡!

우리말만 보고 영어로 **자동발사** 해 보세요.

🎧 MP3를 들으며 자동발사가 되는지 확인해 보세요.

~해! / ~해봐!	~!

너 이러다 늦겠다.
가봐! 📢 Go!

저기 연예인 아니니?
봐! 📢

쉿!
들어봐! 📢

그쪽으로 바로
와! 📢

뭔데?
나에게 말해봐! 📢

난 잘 모르니까,
그에게 물어봐! 📢

나 거기 어딘지 알아
나를 따라와! 📢

영어 문장을 따라하며 에코잉 해 보세요.

MP3를 들으며 메아리처럼 에코잉 해 보세요.

Please ~   ~해줘

😒 알았으니까 이제 '가줘.'
Please go.   가줘.

😊 이거 한 번만 '봐줘.'
Please look.   봐줘.

😊 진짜 중요한 얘기야. '들어줘.'
Please listen.   들어줘.

😊 우리 집으로 '와줘.'
Please come.   와줘.

😊 아무한테도 말 안 할게. '나에게 말해줘.'
Please tell me.   나에게 말해줘.

😊 더 궁금한 게 있으면 '그분에게 물어봐줘.'
Please ask him.   그분에게 물어봐줘.

😊 이쪽으로 '나를 따라와줘.'
Please follow me.   나를 따라와줘.

follow [팔로우] 따라오다, 따르다

우리말만 보고 영어로 **자동발사** 해 보세요.

🎧 MP3를 들으며 자동발사가 되는지 확인해 보세요.

~해줘	**Please ~**

알았으니까 이제
가줘. → Please go.

이거 한 번만
봐줘. →

진짜 중요한 얘기야.
들어줘. →

우리 집으로
와줘. →

아무한테도 말 안 할게.
나에게 말해줘. →

더 궁금한 게 있으면
그분에게 물어봐줘. →

이쪽으로
나를 따라와줘. →

영어 문장을 **따라하며** 에코잉 해 보세요.

MP3를 들으며 메아리처럼 에코잉 해 보세요.

Don't ~ ~하지 마

☺ 벌써 가게? '가지 마.'
Don't go. 가지 마.

☹ 무서운 장면이니까 '보지 마.'
Don't look. 보지 마.

😐 너한테 필요 없을걸? '듣지 마.'
Don't listen. 듣지 마.

☺ 별거 없으니 '오지 마.'
Don't come. 오지 마.

☹ 그런 표정으로 '나에게 말하지 마.'
Don't tell me. 나에게 말하지 마.

😐 걔도 모를 거야. '그에게 물어보지 마.'
Don't ask him. 그에게 물어보지 마.

☺ 혼자 갔다 올게. '나를 따라오지 마.'
Don't follow me. 나를 따라오지 마.

follow [팔로우] 따라오다, 따르다

우리말만 보고 영어로 **자동발사** 해 보세요.

🎧 MP3를 들으며 자동발사가 되는지 확인해 보세요.

| ~하지 마 | **Don't ~** |

벌써 가게?
가지 마.   📢 Don't go.

무서운 장면이니까
보지 마.   📢

너한테 필요 없을걸?
듣지 마.   📢

별거 없으니
오지 마.   📢

그런 표정으로
나에게 말하지 마.   📢

걔도 모를 거야.
그에게 물어보지 마.   📢

혼자 갔다 올게.
나를 따라오지 마.   📢

일상에서 쓰는 **진짜 영어, 쉬운 영어!**

2월 8일

다정
너 이번에 공모전에서 수상해서 상금 탔다며!?

 태영
소문 빠르네 ㅋㅋ

다정
친구야... 누님이 고기가 먹고 싶다...
너한테 오늘 빌붙어도 되겠니?

 태영
Go ahead.

다정
앞으로 가라고? 어디 앞으로 가? 고깃집?

 태영
아니 ㅋㅋ 그렇게 하라고 ㅋㅋ
Go ahead. 그렇게 해.

다정
오오 감사 감사!!

   보내기

DAY 08

나는 너를 가르쳐 줄 수 있어.
I can teach you.   나는 ~할 수 있어

정말?
한 번도 안 쳐봤어?
우리나라 전통 놀이인데?!
나는 너를 가르쳐 줄 수 있어.
I can teach you.

이렇게 말해요!

'너를 가르쳐 줘'는 teach you, '나는 너를 가르쳐 줄 수 있어'는 그 앞에 **I can**을 붙이면 돼요.

- **나는** 너를 가르쳐 줄 **수 있어**.   **I can** teach you.

영어 문장을 **따라하며** 에코잉 해 보세요.

 MP3를 들으며 메아리처럼 에코잉 해 보세요.

I can ~   나는 ~할 수 있어

😊 해외 나가도 '나는 운전할 수 있어.'
I can drive.   나는 운전할 수 있어.

😊 아자! '나는 그걸 할 수 있어.'
I can do it.   나는 그걸 할 수 있어.

😊 그가 필요하다면 '나는 그를 도울 수 있어.'
I can help him.   나는 그를 도울 수 있어.

😊 나만 믿어. '나는 그걸 처리할 수 있어.'
I can handle it.   나는 그걸 처리할 수 있어.

😊 안 빌려줘도 괜찮아. '나는 이걸 쓸 수 있어.'
I can use this.   나는 이걸 쓸 수 있어.

😊 영어는 잘 못하지만, '나는 중국어를 말할 수 있어.'
I can speak Chinese.   나는 중국어를 말할 수 있어.

😊 휴대폰 카메라로 '나는 사진을 찍을 수 있어.'
I can take a picture.   나는 사진을 찍을 수 있어.

handle [핸들] 처리하다   **Chinese** [차이니즈] 중국어

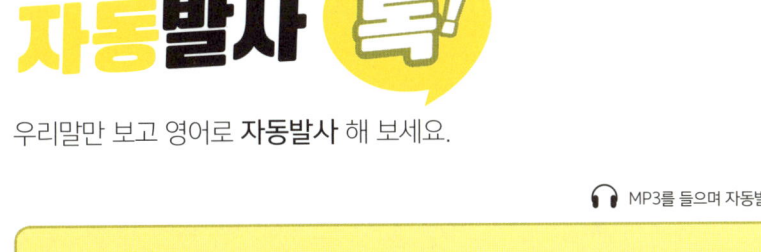

우리말만 보고 영어로 **자동발사** 해 보세요.

MP3를 들으며 자동발사가 되는지 확인해 보세요.

| 나는 ~할 수 있어 | **I can ~** |

해외 나가도
나는 운전할 수 있어.   I can drive.

아자!
나는 그걸 할 수 있어.

그가 필요하다면
나는 그를 도울 수 있어.

나만 믿어.
나는 그걸 처리할 수 있어.

안 빌려줘도 괜찮아.
나는 이걸 쓸 수 있어.

영어는 잘 못하지만,
나는 중국어를 말할 수 있어.

휴대폰 카메라로
나는 사진을 찍을 수 있어.

영어 문장을 따라하며 에코잉 해 보세요.

MP3를 들으며 메아리처럼 에코잉 해 보세요.

You can ~ 너는 ~할 수 있어

😊 겁먹지 마. '너는 운전할 수 있어.'
You can drive. 너는 운전할 수 있어.

😊 힘내! '너는 그걸 할 수 있어.'
You can do it. 너는 그걸 할 수 있어.

😊 적은 돈으로도 '너는 그를 도울 수 있어.'
You can help him. 너는 그를 도울 수 있어.

😊 생각보다 쉬워. '너는 그걸 처리할 수 있어.'
You can handle it. 너는 그걸 처리할 수 있어.

😊 난 하나 더 있으니까 '너는 이걸 쓸 수 있어.'
You can use this. 너는 이걸 쓸 수 있어.

😊 이 수업 들으면 '너는 중국어를 말할 수 있어.'
You can speak Chinese. 너는 중국어를 말할 수 있어.

😊 포토존에서 '너는 사진을 찍을 수 있어.'
You can take a picture. 너는 사진을 찍을 수 있어.

handle [핸들] 처리하다   Chinese [차이니즈] 중국어

우리말만 보고 영어로 **자동발사** 해 보세요.

MP3를 들으며 자동발사가 되는지 확인해 보세요.

너는 ~할 수 있어   You can ~

겁먹지 마.
너는 운전할 수 있어.   You can drive.

힘내!
너는 그걸 할 수 있어.

적은 돈으로도
너는 그를 도울 수 있어.

생각보다 쉬워.
너는 그걸 처리할 수 있어.

난 하나 더 있으니까
너는 이걸 쓸 수 있어.

이 수업 들으면
너는 중국어를 말할 수 있어.

포토존에서
너는 사진을 찍을 수 있어.

영어 문장을 **따라하며** 에코잉 해 보세요.

 MP3를 들으며 메아리처럼 에코잉 해 보세요.

She can ~   그녀는 ~할 수 있어

☺ 몰랐구나? '그녀는 운전할 수 있어.'
She can drive.   그녀는 운전할 수 있어.

☺ 걱정 마! '그녀는 그걸 할 수 있어.'
She can do it.   그녀는 그걸 할 수 있어.

☺ 원한다면 '그녀는 그를 도울 수 있어.'
She can help him.   그녀는 그를 도울 수 있어.

☺ 충분히 유능하니까 '그녀는 그걸 처리할 수 있어.'
She can handle it.   그녀는 그걸 처리할 수 있어.

☺ 안 가지고 왔대? '그녀는 이걸 쓸 수 있어.'
She can use this.   그녀는 이걸 쓸 수 있어.

☺ 중국어 배웠잖아. '그녀는 중국어를 말할 수 있어.'
She can speak Chinese.   그녀는 중국어를 말할 수 있어.

☺ 이번에 카메라 샀대. '그녀는 사진을 찍을 수 있어.'
She can take a picture.   그녀는 사진을 찍을 수 있어.

handle [핸들] 처리하다   **Chinese** [차이니즈] 중국어

우리말만 보고 영어로 **자동발사** 해 보세요.

MP3를 들으며 자동발사가 되는지 확인해 보세요.

그녀는 ~할 수 있어   She can ~

몰랐구나?
그녀는 운전할 수 있어.   She can drive.

걱정 마!
그녀는 그걸 할 수 있어.

원한다면
그녀는 그를 도울 수 있어.

충분히 유능하니까
그녀는 그걸 처리할 수 있어.

안 가지고 왔대?
그녀는 이걸 쓸 수 있어.

중국어 배웠잖아.
그녀는 중국어를 말할 수 있어.

이번에 카메라 샀대.
그녀는 사진을 찍을 수 있어.

일상에서 쓰는 진짜 영어, 쉬운 영어!

10월 15일

현정
나 이따 옷 환불하러 가야 하는데 걱정돼...

나 이런 거 정말 못 하잖아...

 수진
생각보다 쉬워
You can handle it. 너는 그걸 처리할 수 있어.

현정
내가... 할..수 있겠지...?

 수진
당연하지!

                     보내기

DAY 09

나는 노래할 수 없어.
I can't sing.

나는 ~할 수 없어

뭐? 지금? 진짜 안 돼~
아니, 나 완전 음치에 박치라니까~
나는 노래할 수 없어.
I can't sing.

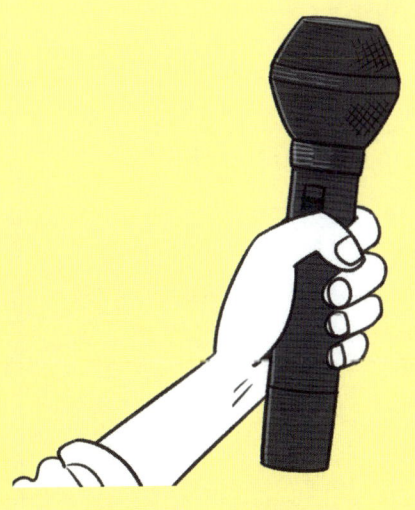

이렇게 말해요!

'노래해'는 sing, '나는 노래할 수 없어'는 그 앞에 **I can't**를 붙이면 돼요.

- 나는 노래할 **수 없어**.   **I can't** sing.

따라하며 톡!

영어 문장을 **따라하며 에코잉** 해 보세요.

🎧 MP3를 들으며 메아리처럼 에코잉 해 보세요.

I can't ~ 　　　　　　　　　　　　나는 ~할 수 없어

😊 이제 가봐야 해. '나는 계속 있을 수 없어.'
> 영어 문장이 실제로 쓰이는 상황을 같이 보면 더 기억하기 쉬워요!

I can't stay.　　　　　　　　　　　　나는 계속 있을 수 없어.

😐 도저히 '나는 결정할 수 없어.'

I can't decide.　　　　　　　　　　　나는 결정할 수 없어.

☹️ 일이 바빠서 '나는 여행 갈 수 없어.'

I can't travel.　　　　　　　　　　　나는 여행 갈 수 없어.

😊 버렸나봐. '나는 그걸 찾을 수 없어.'

I can't find it.　　　　　　　　　　　나는 그걸 찾을 수 없어.

☹️ 헤어진 지 1년이 지났지만, '나는 그녀를 잊을 수 없어.'

I can't forget her.　　　　　　　　　나는 그녀를 잊을 수 없어.

😐 말도 안 돼. '나는 그걸 받아들일 수 없어.'

I can't accept that.　　　　　　　　나는 그걸 받아들일 수 없어.

😊 약속이 있어서 '나는 지수를 만날 수 없어.'

I can't meet 지수.　　　　　　　　　나는 지수를 만날 수 없어.

stay [스테이] 계속 있다　　**decide** [디싸이드] 결정하다　　**accept** [억쎕트] 받아들이다

우리말만 보고 영어로 **자동발사** 해 보세요.

🎧 MP3를 들으며 자동발사가 되는지 확인해 보세요.

나는 ~할 수 없어　　　　　　　　I can't ~

이제 가봐야 해.
나는 계속 있을 수 없어.　　📣 I can't stay.

도저히
나는 결정할 수 없어.　　📣

일이 바빠서
나는 여행 갈 수 없어.　　📣

버렸나봐.
나는 그걸 찾을 수 없어.　　📣

헤어진 지 1년이 지났지만,
나는 그녀를 잊을 수 없어.　　📣

말도 안 돼.
나는 그걸 받아들일 수 없어.　　📣

약속이 있어서
나는 지수를 만날 수 없어.　　📣

영어 문장을 **따라하며** 에코잉 해 보세요.

 MP3를 들으며 메아리처럼 에코잉 해 보세요.

You can't ~   너는 ~할 수 없어

😊 일찍 일어나야 하잖아. '너는 계속 있을 수 없어.'
You can't stay.   너는 계속 있을 수 없어.

😊 지금 당장은 '너는 결정할 수 없어.'
You can't decide.   너는 결정할 수 없어.

☹ 몸도 안 좋잖아. '너는 여행 갈 수 없어.'
You can't travel.   너는 여행 갈 수 없어.

😊 나만 아는 곳에 뒀어. '너는 그걸 찾을 수 없어.'
You can't find it.   너는 그걸 찾을 수 없어.

☹ 첫사랑은 다 그래. '너는 그녀를 잊을 수 없어.'
You can't forget her.   너는 그녀를 잊을 수 없어.

😊 내가 볼 때 '너는 그걸 받아들일 수 없어.'
You can't accept that.   너는 그걸 받아들일 수 없어.

😐 빨리 가지 않으면 '너는 지수를 만날 수 없어.'
You can't meet 지수.   너는 지수를 만날 수 없어.

stay [스테이] 계속 있다   **decide** [디싸이드] 결정하다   **accept** [억쎕트] 받아들이다

우리말만 보고 영어로 **자동발사** 해 보세요.

🎧 MP3를 들으며 자동발사가 되는지 확인해 보세요.

너는 ~할 수 없어 — You can't ~

일찍 일어나야 하잖아.
너는 계속 있을 수 없어. 📢 You can't stay.

지금 당장은
너는 결정할 수 없어. 📢

몸도 안 좋잖아.
너는 여행 갈 수 없어. 📢

나만 아는 곳에 뒀어.
너는 그걸 찾을 수 없어. 📢

첫사랑은 다 그래.
너는 그녀를 잊을 수 없어. 📢

내가 볼 때
너는 그걸 받아들일 수 없어. 📢

빨리 가지 않으면
너는 지수를 만날 수 없어. 📢

영어 문장을 **따라하며** 에코잉 해 보세요.

MP3를 들으며 메아리처럼 에코잉 해 보세요.

He can't ~   그는 ~할 수 없어

☹ 가야 할 시간이야. '그는 계속 있을 수 없어.'
He can't stay.   그는 계속 있을 수 없어.

☺ 자기 일이 아니라 '그는 결정할 수 없어.'
He can't decide.   그는 결정할 수 없어.

☹ 비행기 표를 못 사서 '그는 여행 갈 수 없어.'
He can't travel.   그는 여행 갈 수 없어.

😐 어디다 뒀는지 '그는 그걸 찾을 수 없어.'
He can't find it.   그는 그걸 찾을 수 없어.

☹ 정말로 사랑했대. '그는 그녀를 잊을 수 없어.'
He can't forget her.   그는 그녀를 잊을 수 없어.

☺ 손해 볼지도 몰라서 '그는 그걸 받아들일 수 없어.'
He can't accept that.   그는 그걸 받아들일 수 없어.

☹ 너무 늦어서 '그는 지수를 만날 수 없어.'
He can't meet 지수.   그는 지수를 만날 수 없어.

stay [스테이] 계속 있다   **decide** [디싸이드] 결정하다   **accept** [억쎕트] 받아들이다

우리말만 보고 영어로 **자동발사** 해 보세요.

🎧 MP3를 들으며 자동발사가 되는지 확인해 보세요.

그는 ~할 수 없어   He can't ~

가야 할 시간이야.
그는 계속 있을 수 없어.   📢 He can't stay.

자기 일이 아니라
그는 결정할 수 없어.

비행기 표를 못 사서
그는 여행 갈 수 없어.

어디다 뒀는지
그는 그걸 찾을 수 없어.

정말로 사랑했대.
그는 그녀를 잊을 수 없어.

손해 볼지도 몰라서
그는 그걸 받아들일 수 없어.

너무 늦어서
그는 지수를 만날 수 없어.

일상에서 쓰는 진짜 영어, 쉬운 영어!

1월 3일

다정
너 소개팅 안 할래?

 태영
아니... 별로...

헤어진 지 1년이 지났지만
I can't forget her. 나는 그녀를 잊을 수 없어.

다정
아... 걔 김태희 닮았는데...

어쩔 수 없지 뭐...

 태영
아무래도 사랑은 다른 사랑으로 극복해야 하는 건가 봐

번호 좀... 지금 내가 연락할게

다정

보내기

DAY 10

너는 이걸 열 수 있니?
Can you open this? 너는 ~할 수 있니?

어우~
이거 뚜껑이 너무 안 열린다.
너 힘 엄청 세잖아~
너는 이걸 열 수 있니?
Can you open this?

이렇게 말해요!

'이걸 열다'는 open this, '너는 이걸 열 수 있니?'는 그 앞에 **Can you**를 붙이면 돼요.

- 너는 이걸 수 있니?   **Can you** open this?

영어 문장을 **따라하며** 에코잉 해 보세요.

🎧 MP3를 들으며 메아리처럼 에코잉 해 보세요.

Can you ~? 너는 ~할 수 있니?

😊 내일 집들이 할 건데, '너는 올 수 있니?'
영어 문장이 실제로 쓰이는 상황을 같이 보면 더 기억하기 쉬워요!

Can you come? 너는 올 수 있니?

😊 회원 모집 중인데 '너는 가입할 수 있니?'

Can you join? 너는 가입할 수 있니?

😊 튜브 없이 '너는 수영할 수 있니?'

Can you swim? 너는 수영할 수 있니?

😊 사람들 앞에서 '너는 춤출 수 있니?'

Can you dance? 너는 춤출 수 있니?

😊 일 끝나면 '너는 그들을 도울 수 있니?'

Can you help them? 너는 그들을 도울 수 있니?

😊 전화해서 '너는 그걸 확인할 수 있니?'

Can you check it? 너는 그걸 확인할 수 있니?

😊 사람이 부족한데. '너는 친구를 데려올 수 있니?'

Can you bring a friend? 너는 친구를 데려올 수 있니?

join [조인] 가입하다   **bring** [브링] 데려오다, 가져오다

우리말만 보고 영어로 **자동발사** 해 보세요.

MP3를 들으며 자동발사가 되는지 확인해 보세요.

너는 ~할 수 있니?   Can you ~?

내일 집들이 할 건데,
너는 올 수 있니?   Can you come?

회원 모집 중인데
너는 가입할 수 있니?

튜브 없이
너는 수영할 수 있니?

사람들 앞에서
너는 춤출 수 있니?

일 끝나면
너는 그들을 도울 수 있니?

전화해서
너는 그걸 확인할 수 있니?

사람이 부족한데.
너는 친구를 데려올 수 있니?

영어 문장을 **따라하며** 에코잉 해 보세요.

🎧 MP3를 들으며 메아리처럼 에코잉 해 보세요.

Can he ~? 그는 ~할 수 있니?

😟 엄청 바쁘다면서? '그는 올 수 있니?'
Can he come? 그는 올 수 있니?

🙂 그가 원하기만 하면, '그는 가입할 수 있니?'
Can he join? 그는 가입할 수 있니?

🙂 그렇게 깊은 곳에서 '그는 수영할 수 있니?'
Can he swim? 그는 수영할 수 있니?

🙂 저렇게 뻣뻣한데, '그는 춤출 수 있니?'
Can he dance? 그는 춤출 수 있니?

🙂 일손이 부족하다는데, '그는 그들을 도울 수 있니?'
Can he help them? 그는 그들을 도울 수 있니?

🙂 거기 간 김에 '그는 그걸 확인할 수 있니?'
Can he check it? 그는 그걸 확인할 수 있니?

🙂 사람이 많을수록 좋아. '그는 친구를 데려올 수 있니?'
Can he bring a friend? 그는 친구를 데려올 수 있니?

join [조인] 가입하다   **bring** [브링] 데려오다, 가져오다

우리말만 보고 영어로 **자동발사** 해 보세요.

🎧 MP3를 들으며 자동발사가 되는지 확인해 보세요.

그는 ~할 수 있니?　　　　Can he ~?

엉청 바쁘다면서?
그는 올 수 있니?　　📢 Can he come?

그가 원하기만 하면,
그는 가입할 수 있니?

그렇게 깊은 곳에서
그는 수영할 수 있니?

저렇게 뻣뻣한데,
그는 춤출 수 있니?

일손이 부족하다는데,
그는 그들을 도울 수 있니?

거기 간 김에
그는 그걸 확인할 수 있니?

사람이 많을수록 좋아.
그는 친구를 데려올 수 있니?

영어 문장을 **따라하며** 에코잉 해 보세요.

🎧 MP3를 들으며 메아리처럼 에코잉 해 보세요.

Can we ~? 　　　　　　　　　　　　　우리는 ~할 수 있니?

😊 다음 주에도 '우리는 올 수 있니?'
Can we come?　　　　　　　　　　　　　　　우리는 올 수 있니?

😊 나이 제한도 있어? '우리는 가입할 수 있니?'
Can we join?　　　　　　　　　　　　　　　우리는 가입할 수 있니?

☹ 이렇게 추운데, '우리는 수영할 수 있니?'
Can we swim?　　　　　　　　　　　　　　　우리는 수영할 수 있니?

😊 바닥이 미끄러운데, '우리는 춤출 수 있니?'
Can we dance?　　　　　　　　　　　　　　　우리는 춤출 수 있니?

☹ 너무 안쓰럽다. '우리는 그들을 도울 수 있니?'
Can we help them?　　　　　　　　　　　　　우리는 그들을 도울 수 있니?

😊 다 끝나면 '우리는 그걸 확인할 수 있니?'
Can we check it?　　　　　　　　　　　　　　우리는 그걸 확인할 수 있니?

😊 네 생일 파티에 '우리는 친구를 데려올 수 있니?'
Can we bring a friend?　　　　　　　　　　　우리는 친구를 데려올 수 있니?

join [조인] 가입하다　　**bring** [브링] 데려오다, 가져오다

우리말만 보고 영어로 **자동발사** 해 보세요.

🎧 MP3를 들으며 자동발사가 되는지 확인해 보세요.

우리는 ~할 수 있니?   Can we ~?

다음 주에도
우리는 올 수 있니?   📣 Can we come?

나이 제한도 있어?
우리는 가입할 수 있니?   📣

이렇게 추운데,
우리는 수영할 수 있니?   📣

바닥이 미끄러운데,
우리는 춤출 수 있니?   📣

너무 안쓰럽다.
우리는 그들을 도울 수 있니?   📣

다 끝나면
우리는 그걸 확인할 수 있니?   📣

네 생일 파티에
우리는 친구를 데려올 수 있니?   📣

일상에서 쓰는 진짜 영어, 쉬운 영어!

9월 20일

 태영
야! 바쁘냐? 나 지금 엄청 급한데

성훈
왜?

 태영
나 지금 태국에서 여행 중인데..
레스토랑에서 음식이 다 식어서 나왔어…

이거 다시 데워 달라고
'Can you.. food make.. hot.. again?'
뭐 이렇게 말하면 되나??

성훈
아니쥐~
Can you heat it up? 너는 그것을 데울 수 있니?

이렇게 말해봐

 태영
오오 대박 땡큐!

     보내기

DAY 11

나는 그를 찾을 거야.
I will find him.　　　　　　　　　나는 ~할 거야

헐. 누가 내 차 박고 튀었어!! 맞다, 블랙박스! 이럴 줄 알고 내가 거금 들여 달았지. 기다려 봐라!
나는 그를 찾을 거야.
I will find him.

이렇게 말해요!

'그를 찾아'는 find him, '나는 그를 찾을 거야'는 그 앞에 I will을 붙이면 돼요.

- 나는 그를 찾을 거야.　　　I will find him.

영어 문장을 **따라하며** 에코잉 해 보세요.

🎧 MP3를 들으며 메아리처럼 에코잉 해 보세요.

I will ~ 나는 ~할 거야

😊 잠시 동안 '나는 쉴 거야.'
I will rest. 나는 쉴 거야.

😊 날짜 지나기 전에 '나는 돈을 낼 거야.'
I will pay. 나는 돈을 낼 거야.

😊 니가 말려도 '나는 설명할 거야.'
I will explain. 나는 설명할 거야.

😊 집에 들어가서 '나는 너에게 전화할 거야.'
I will call you. 나는 너에게 전화할 거야.

😊 이기면 상품도 있대! '나는 그 경기를 이길 거야.'
I will win the game. 나는 그 경기를 이길 거야.
the는 '그 ~'라는 뜻이에요.

😊 모처럼 가는 만큼 '나는 그 여행을 즐길 거야.'
I will enjoy the trip. 나는 그 여행을 즐길 거야.

😊 가자마자 '나는 저녁 식사를 준비할 거야.'
I will prepare dinner. 나는 저녁 식사를 준비할 거야.

rest [뤠스트] 쉬다   **explain** [익스플레인] 설명하다   **prepare** [프뤼페어] 준비하다

자동발사 톡!

우리말만 보고 영어로 **자동발사** 해 보세요.

🎧 MP3를 들으며 자동발사가 되는지 확인해 보세요.

| 나는 ~할 거야 | **I will ~** |

잠시 동안
나는 쉴 거야.   📢 I will rest.

날짜 지나기 전에
나는 돈을 낼 거야.   📢

니가 말려도
나는 설명할 거야.   📢

집에 들어가서
나는 너에게 전화할 거야.   📢

이기면 상품도 있대!
나는 그 경기를 이길 거야.   📢

모처럼 가는 만큼
나는 그 여행을 즐길 거야.   📢

가자마자
나는 저녁 식사를 준비할 거야.   📢

영어 문장을 **따라하며** 에코잉 해 보세요.

 MP3를 들으며 메아리처럼 에코잉 해 보세요.

She will ~ 그녀는 ~할 거야

😊 오늘 연차 냈대. '그녀는 쉴 거야.'
She will rest. 그녀는 쉴 거야.

😊 한턱낸댔으니 '그녀는 돈을 낼 거야.'
She will pay. 그녀는 돈을 낼 거야.

😊 말하지 않아도 '그녀는 설명할 거야.'
She will explain. 그녀는 설명할 거야.

😊 기다려 봐. '그녀는 너에게 전화할 거야.'
She will call you. 그녀는 너에게 전화할 거야.

😊 내 생각에 '그녀는 그 경기를 이길 거야.'
She will win the game. 그녀는 그 경기를 이길 거야.

😊 혼자서도 '그녀는 그 여행을 즐길 거야.'
She will enjoy the trip. 그녀는 그 여행을 즐길 거야.

😊 조금 있으면 '그녀는 저녁 식사를 준비할 거야.'
She will prepare dinner. 그녀는 저녁 식사를 준비할 거야.

rest [뤠스트] 쉬다   explain [익스플레인] 설명하다   prepare [프뤼페어] 준비하다

우리말만 보고 영어로 **자동발사** 해 보세요.

MP3를 들으며 자동발사가 되는지 확인해 보세요.

| 그녀는 ~할 거야 | **She will ~** |

오늘 연차 냈대.
그녀는 쉴 거야. She will rest.

한턱낸댔으니
그녀는 돈을 낼 거야.

말하지 않아도
그녀는 설명할 거야.

기다려 봐.
그녀는 너에게 전화할 거야.

내 생각에
그녀는 그 경기를 이길 거야.

혼자서도
그녀는 그 여행을 즐길 거야.

조금 있으면
그녀는 저녁 식사를 준비할 거야.

영어 문장을 따라하며 에코잉 해 보세요.

MP3를 들으며 메아리처럼 에코잉 해 보세요.

We will ~ 　　　　　　　　　　　　　우리는 ~할 거야

😑 너무 지쳤어. '우리는 쉴 거야.'
We will rest. 　　　　　　　　　　　우리는 쉴 거야.

🙂 당연히 '우리는 돈을 낼 거야.'
We will pay. 　　　　　　　　　　　우리는 돈을 낼 거야.

🙂 그 문제에 대해 '우리는 설명할 거야.'
We will explain. 　　　　　　　　　우리는 설명할 거야.

🙂 한 시간 내로 '우리는 너에게 전화할 거야.'
We will call you. 　　　　　　　　　우리는 너에게 전화할 거야.

🙂 열심히 했으니까 '우리는 그 경기를 이길 거야.'
We will win the game. 　　　　　　우리는 그 경기를 이길 거야.

🙂 비가 오더라도 '우리는 그 여행을 즐길 거야.'
We will enjoy the trip. 　　　　　　우리는 그 여행을 즐길 거야.

🙂 엄마 대신 '우리는 저녁 식사를 준비할 거야.'
We will prepare dinner. 　　　　　우리는 저녁 식사를 준비할 거야.

rest [뤠스트] 쉬다 　　explain [익스플레인] 설명하다 　　prepare [프뤼페어] 준비하다

우리말만 보고 영어로 **자동발사** 해 보세요.

🎧 MP3를 들으며 자동발사가 되는지 확인해 보세요.

우리는 ~할 거야   **We will ~**

너무 지쳤어.
우리는 쉴 거야. 📢 We will rest.

당연히
우리는 돈을 낼 거야. 📢

그 문제에 대해
우리는 설명할 거야. 📢

한 시간 내로
우리는 너에게 전화할 거야. 📢

열심히 했으니까
우리는 그 경기를 이길 거야. 📢

비가 오더라도
우리는 그 여행을 즐길 거야. 📢

엄마 대신
우리는 저녁 식사를 준비할 거야. 📢

일상에서 쓰는 진짜 영어, 쉬운 영어!

11월 13일

 여보

가자마자
I will prepare dinner. 내가 저녁 식사 준비할게.

나 오늘 일찍 퇴근하거든

당신

나도 오늘 안 늦는데~

그래도 남편이 차린 밥 먹고 싶다~

 여보

알았어, 내가 할게ㅋㅋ

당신

    보내기

DAY 12

나는 울지 않을 거야.
I won't cry.   나는 ~하지 않을 거야

이렇게 말해요!

'울다'는 cry, '나는 울지 않을 거야'는 그 앞에 **I won't**를 붙이면 돼요.

- **나는 울지 않을 거야.**   **I won't** cry.

★ won't는 will not의 줄임말이고, 말할 때는 won't를 많이 써요.

영어 문장을 **따라하며** 에코잉 해 보세요.

MP3를 들으며 메아리처럼 에코잉 해 보세요.

I won't ~   나는 ~하지 않을 거야

😐 오늘은 안 내켜. '나는 가지 않을 거야.'
I won't go.　　　　　　　　　　나는 가지 않을 거야.

😊 아무리 힘들어도 '나는 멈추지 않을 거야.'
I won't stop.　　　　　　　　　나는 멈추지 않을 거야.

😊 아무 말도 하지 마. '나는 듣지 않을 거야.'
I won't listen.　　　　　　　　나는 듣지 않을 거야.

😞 오늘은 그냥 가. '나는 너를 보지 않을 거야.'
I won't see you.　　　　　　　나는 너를 보지 않을 거야.

😊 나한테만 말해줘. '나는 그녀에게 말하지 않을 거야.'
I won't tell her.　　　　　　　나는 그녀에게 말하지 않을 거야.

😊 항상 너와 함께 할게. '나는 너를 떠나지 않을 거야.'
I won't leave you.　　　　　　나는 너를 떠나지 않을 거야.

😊 당분간 '나는 돈을 쓰지 않을 거야.'
I won't spend money.　　　　나는 돈을 쓰지 않을 거야.

leave [리브] 떠나다　**spend** [스펜드] (돈을) 쓰다

우리말만 보고 영어로 **자동발사** 해 보세요.

MP3를 들으며 자동발사가 되는지 확인해 보세요.

| 나는 ~하지 않을 거야 | **I won't ~** |

오늘은 안 내켜.
나는 가지 않을 거야. → I won't go.

아무리 힘들어도
나는 멈추지 않을 거야.

아무 말도 하지 마.
나는 듣지 않을 거야.

오늘은 그냥 가.
나는 너를 보지 않을 거야.

나한테만 말해줘.
나는 그녀에게 말하지 않을 거야.

항상 너와 함께 할게.
나는 너를 떠나지 않을 거야.

당분간
나는 돈을 쓰지 않을 거야.

영어 문장을 **따라하며** 에코잉 해 보세요.

MP3를 들으며 메아리처럼 에코잉 해 보세요.

He won't ~   그는 ~하지 않을 거야

😊 집에서 쉰대. '그는 가지 않을 거야.'
He won't go.   그는 가지 않을 거야.

😟 당신이 말린다 해도 '그는 멈추지 않을 거야.'
He won't stop.   그는 멈추지 않을 거야.

😐 고집이 세서 '그는 듣지 않을 거야.'
He won't listen.   그는 듣지 않을 거야.

😣 지금 화가 많이 나서 '그는 너를 보지 않을 거야.'
He won't see you.   그는 너를 보지 않을 거야.

🙂 믿어도 돼. '그는 그녀에게 말하지 않을 거야.'
He won't tell her.   그는 그녀에게 말하지 않을 거야.

🙂 너무 걱정하지 마. '그는 너를 떠나지 않을 거야.'
He won't leave you.   그는 너를 떠나지 않을 거야.

🙂 아내 허락 없이 '그는 돈을 쓰지 않을 거야.'
He won't spend money.   그는 돈을 쓰지 않을 거야.

leave [리브] 떠나다   **spend** [스펜드] (돈을) 쓰다

우리말만 보고 영어로 **자동발사** 해 보세요.

🎧 MP3를 들으며 자동발사가 되는지 확인해 보세요.

| 그는 ~하지 않을 거야 | **He won't ~** |

집에서 쉰대.
그는 가지 않을 거야. 📢 He won't go.

당신이 말린다 해도
그는 멈추지 않을 거야. 📢

고집이 세서
그는 듣지 않을 거야. 📢

지금 화가 많이 나서
그는 너를 보지 않을 거야. 📢

믿어도 돼.
그는 그녀에게 말하지 않을 거야. 📢

너무 걱정하지 마.
그는 너를 떠나지 않을 거야. 📢

아내 허락 없이
그는 돈을 쓰지 않을 거야. 📢

영어 문장을 **따라하며** 에코잉 해 보세요.

🎧 MP3를 들으며 메아리처럼 에코잉 해 보세요.

We won't ~ 우리는 ~하지 않을 거야

😟 너무 추워서 '우리는 가지 않을 거야.'
We won't go.   우리는 가지 않을 거야.

😊 말리지 마. '우리는 멈추지 않을 거야.'
We won't stop.   우리는 멈추지 않을 거야.

😐 다른 사람이 뭐라 해도 '우리는 듣지 않을 거야.'
We won't listen.   우리는 듣지 않을 거야.

😟 이대로 가면 '우리는 너를 보지 않을 거야.'
We won't see you.   우리는 너를 보지 않을 거야.

😊 비밀은 지킬게. '우리는 그녀에게 말하지 않을 거야.'
We won't tell her.   우리는 그녀에게 말하지 않을 거야.

😊 친구니까 '우리는 너를 떠나지 않을 거야.'
We won't leave you.   우리는 너를 떠나지 않을 거야.

😊 쓸데없는 데 '우리는 돈을 쓰지 않을 거야.'
We won't spend money.   우리는 돈을 쓰지 않을 거야.

leave [리브] 떠나다   **spend** [스펜드] (돈을) 쓰다

우리말만 보고 영어로 **자동발사** 해 보세요.

MP3를 들으며 자동발사가 되는지 확인해 보세요.

우리는 ~하지 않을 거야   We won't ~

너무 추워서
우리는 가지 않을 거야.   We won't go.

말리지 마.
우리는 멈추지 않을 거야.

다른 사람이 뭐라 해도
우리는 듣지 않을 거야.

이대로 가면
우리는 너를 보지 않을 거야.

비밀은 지킬게.
우리는 그녀에게 말하지 않을 거야.

친구니까
우리는 너를 떠나지 않을 거야.

쓸데없는 데
우리는 돈을 쓰지 않을 거야.

일상에서 쓰는 진짜 영어, 쉬운 영어!

2월 7일

 성훈
오늘 헬스장 언제 갈 거야?

태영
내일부터 가자

오늘은 안 내켜
I won't go. 나는 가지 않을 거야.

 성훈
'오늘은'이 아니라 '앞으로도 계속'이겠지

ㅋㅋㅋㅋㅋㅋㅋ

태영
원래 운동은 내일부터 하는 거랬어

ㅋㅋㅋㅋㅋㅋㅋ

보내기

DAY 13

너는 나와 결혼할 거니?
Will you marry me?

너는 ~할 거니? / ~할까?

정말 진심으로 말하는 거야.
평생 너만 사랑할게.
그래서 말인데... 저기 혹시...
너는 나와 결혼할 거니?
Will you marry me?

'나와 결혼해'는 marry me, '너는 나와 결혼할 거니?'는 그 앞에 **Will you**를 붙이면 돼요.

- **너는** 나와 결혼**할 거니**?   **Will you** marry me?

영어 문장을 **따라하며** 에코잉 해 보세요.

🎧 MP3를 들으며 메아리처럼 에코잉 해 보세요.

Will you ~?   너는 ~할 거니? / ~할까?

😊 금방 끝날 텐데, '너는 기다릴 거니?'
> 영어 문장이 실제로 쓰이는 상황을 같이 보면 더 기억하기 쉬워요!

Will you wait?   너는 기다릴 거니?

😊 다시 이쪽으로 '너는 돌아올 거니?'

Will you return?   너는 돌아올 거니?

😊 다들 기대하고 있어! '너는 노래할 거니?'

Will you sing?   너는 노래할 거니?

😞 나 혼자 간다면 '너는 걱정할 거니?'

Will you worry?   너는 걱정할 거니?

😊 겨울에 '너는 여행 갈 거니?'

Will you travel?   너는 여행 갈 거니?

😊 이번 주말에 '너는 테니스를 칠 거니?'

Will you play tennis?   너는 테니스를 칠 거니?

😊 내가 요리하면 '너는 설거지를 할 거니?'

Will you wash the dishes?   너는 설거지를 할 거니?

return [뤼턴] 돌아가다   **wash the dishes** [워쉬 더 디쉬즈] 설거지를 하다

우리말만 보고 영어로 **자동발사** 해 보세요.

MP3를 들으며 자동발사가 되는지 확인해 보세요.

너는 ~할 거니? / ~할까?   Will you ~?

금방 끝날 텐데,
너는 기다릴 거니?   Will you wait?

다시 이쪽으로
너는 돌아올 거니?

다들 기대하고 있어!
너는 노래할 거니?

나 혼자 간다면
너는 걱정할 거니?

겨울에
너는 여행 갈 거니?

이번 주말에
너는 테니스를 칠 거니?

내가 요리하면
너는 설거지를 할 거니?

영어 문장을 **따라하며** 에코잉 해 보세요.

 MP3를 들으며 메아리처럼 에코잉 해 보세요.

Will he ~?   그는 ~할 거니? / ~할까?

😟 그녀가 올 때까지 '그는 기다릴까?'
Will he wait?   그는 기다릴까?

🙂 오늘 안에 '그는 돌아올까?'
Will he return?   그는 돌아올까?

😊 축가 부탁했다며? '그는 노래할까?'
Will he sing?   그는 노래할까?

😐 답장 안 하면 '그는 걱정할까?'
Will he worry?   그는 걱정할까?

🙂 여름 휴가 때 '그는 여행 갈까?'
Will he travel?   그는 여행 갈까?

🙂 이렇게 더운데, '그는 테니스를 칠까?'
Will he play tennis?   그는 테니스를 칠까?

🙂 청소도 안 하는데, '그는 설거지를 할까?'
Will he wash the dishes?   그는 설거지를 할까?

return [뤼턴] 돌아가다   **wash the dishes** [워쉬 더 디쉬즈] 설거지를 하다

우리말만 보고 영어로 **자동발사** 해 보세요.

🎧 MP3를 들으며 자동발사가 되는지 확인해 보세요.

그는 ~할 거니? / ~할까?   **Will he ~?**

그녀가 올 때까지
그는 기다릴까?   📢 Will he wait?

오늘 안에
그는 돌아올까?

축가 부탁했다며?
그는 노래할까?

답장 안 하면
그는 걱정할까?

여름 휴가 때
그는 여행 갈까?

이렇게 더운데,
그는 테니스를 칠까?

청소도 안 하는데,
그는 설거지를 할까?

영어 문장을 **따라하며** 에코잉 해 보세요.

 MP3를 들으며 메아리처럼 에코잉 해 보세요.

Will they ~?

그들은 ~할 거니? / ~할까?

☺ 우리가 늦어도 '그들은 기다릴까?'
Will they wait? 그들은 기다릴까?

☺ 업무가 끝나면 '그들은 돌아올까?'
Will they return? 그들은 돌아올까?

☺ 장기자랑에서 '그들은 노래할까?'
Will they sing? 그들은 노래할까?

☹ 사실대로 말해주면 '그들은 걱정할까?'
Will they worry? 그들은 걱정할까?

☺ 극성수기인데도 '그들은 여행 갈까?'
Will they travel? 그들은 여행 갈까?

☺ 내일 비가 와도 '그들은 테니스를 칠까?'
Will they play tennis? 그들은 테니스를 칠까?

☺ 용돈을 준다면 '그들은 설거지를 할까?'
Will they wash the dishes? 그들은 설거지를 할까?

return [뤼턴] 돌아가다   **wash the dishes** [워쉬 더 디쉬즈] 설거지를 하다

우리말만 보고 영어로 **자동발사** 해 보세요.

MP3를 들으며 자동발사가 되는지 확인해 보세요.

그들은 ~할 거니? / ~할까?   Will they ~?

우리가 늦어도
그들은 기다릴까?   → Will they wait?

업무가 끝나면
그들은 돌아올까?

장기자랑에서
그들은 노래할까?

사실대로 말해주면
그들은 걱정할까?

극성수기인데도
그들은 여행 갈까?

내일 비가 와도
그들은 테니스를 칠까?

용돈을 준다면
그들은 설거지를 할까?

일상에서 쓰는 진짜 영어, 쉬운 영어!

10월 30일

당신

아까 TV 보니까 집안일을 돕는 애가 더 성공한대

이제부터 우리 애들도 좀 시켜야겠어

 여보

시키면 할까?

당신

안 하려나...?

용돈을 준다면
Will they wash the dishes?
걔들이 설거지를 할까?

 여보

내 용돈 올려주면 내가 할게 ^^*

내가 나중에 더 성공하게 될지도 ㅎㅎ

  　　　　　　　　　　　　　　보내기

DAY 14

> ## 나는 이걸 팔지도 몰라.
> I might sell this.
>
> 나는 ~할지도 몰라

내 생애 첫 바이크!
하지만 아내가 알게 되면…
아쉽지만…
나는 이걸 팔지도 몰라.
I might sell this.

이렇게 말해요!

'이걸 팔아'는 sell this, '나는 이걸 팔지도 몰라'는 그 앞에 **I might**를 붙이면 돼요.

- **나는 이걸 팔지도 몰라.**　　**I might** sell this.

영어 문장을 **따라하며** 에코잉 해 보세요.

MP3를 들으며 메아리처럼 에코잉 해 보세요.

I might ~   나는 ~할지도 몰라

😊 그런 표정 짓고 있으면 '나는 웃을지도 몰라.'
영어 문장이 실제로 쓰이는 상황을 같이 보면 더 기억하기 쉬워요!

I might laugh.   나는 웃을지도 몰라.

☹ 이번 시험 망쳐서 '나는 낙제할지도 몰라.'

I might fail.   나는 낙제할지도 몰라.

😊 적어 놓지 않으면 '나는 잊을지도 몰라.'

I might forget.   나는 잊을지도 몰라.

😊 다들 추천해서 '나는 그걸 고려할지도 몰라.'

I might consider it.   나는 그걸 고려할지도 몰라.

😊 집중해서 하면 '나는 그걸 끝낼지도 몰라.'

I might finish it.   나는 그걸 끝낼지도 몰라.

😊 확실하지는 않지만, '나는 그를 초대할지도 몰라.'

I might invite him.   나는 그를 초대할지도 몰라.

😊 힘든 경험을 통해 '나는 뭔가 배울지도 몰라.'

I might learn something.   나는 뭔가 배울지도 몰라.

forget [폴겟] 잊다   **consider** [컨씨더] 고려하다   **invite** [인봐이트] 초대하다

우리말만 보고 영어로 **자동발사** 해 보세요.

🎧 MP3를 들으며 자동발사가 되는지 확인해 보세요.

나는 ~할지도 몰라   I might ~

그런 표정 짓고 있으면
나는 웃을지도 몰라.   📢 I might laugh.

이번 시험 망쳐서
나는 낙제할지도 몰라.   📢

적어 놓지 않으면
나는 잊을지도 몰라.   📢

다들 추천해서
나는 그걸 고려할지도 몰라.   📢

집중해서 하면
나는 그걸 끝낼지도 몰라.   📢

확실하지는 않지만,
나는 그를 초대할지도 몰라.   📢

힘든 경험을 통해
나는 뭔가 배울지도 몰라.   📢

영어 문장을 **따라하며** 에코잉 해 보세요.

 MP3를 들으며 메아리처럼 에코잉 해 보세요.

She might ~   그녀는 ~할지도 몰라

☺ 그 얘기 들으면 '그녀는 웃을지도 몰라.'
She might laugh.   그녀는 웃을지도 몰라.

☹ 공부 하나도 못했대. '그녀는 낙제할지도 몰라.'
She might fail.   그녀는 낙제할지도 몰라.

😐 요즘 정신이 없어서 '그녀는 잊을지도 몰라.'
She might forget.   그녀는 잊을지도 몰라.

☺ 계속 조르면 '그녀는 그걸 고려할지도 몰라.'
She might consider it.   그녀는 그걸 고려할지도 몰라.

☺ 오늘 중으로 '그녀는 그걸 끝낼지도 몰라.'
She might finish it.   그녀는 그걸 끝낼지도 몰라.

☺ 올 사람이 없어서 '그녀는 그를 초대할지도 몰라.'
She might invite him.   그녀는 그를 초대할지도 몰라.

☺ 이 책을 읽으면 '그녀는 뭔가 배울지도 몰라.'
She might learn something.   그녀는 뭔가 배울지도 몰라.

forget [폴겟] 잊다   *consider* [컨씨더] 고려하다   *invite* [인바이트] 초대하다

우리말만 보고 영어로 **자동발사** 해 보세요.

🎧 MP3를 들으며 자동발사가 되는지 확인해 보세요.

| 그녀는 ~할지도 몰라 | **She might ~** |

그 얘기 들으면
그녀는 웃을지도 몰라.   📢 She might laugh.

공부 하나도 못했대.
그녀는 낙제할지도 몰라.   📢

요즘 정신이 없어서
그녀는 잊을지도 몰라.   📢

계속 조르면
그녀는 그걸 고려할지도 몰라.   📢

오늘 중으로
그녀는 그걸 끝낼지도 몰라.   📢

올 사람이 없어서
그녀는 그를 초대할지도 몰라.   📢

이 책을 읽으면
그녀는 뭔가 배울지도 몰라.   📢

영어 문장을 따라하며 에코잉 해 보세요.

 MP3를 들으며 메아리처럼 에코잉 해 보세요.

They might ~   그들은 ~할지도 몰라

☹ 내 노래를 들으면 '그들은 웃을지도 몰라.'
They might laugh.   그들은 웃을지도 몰라.

☹ 맨날 놀기만 하잖아. '그들은 낙제할지도 몰라.'
They might fail.   그들은 낙제할지도 몰라.

😐 여러 번 말해야 해. '그들은 잊을지도 몰라.'
They might forget.   그들은 잊을지도 몰라.

🙂 진심으로 부탁하면 '그들은 그걸 고려할지도 몰라.'
They might consider it.   그들은 그걸 고려할지도 몰라.

🙂 조금만 더 기다려 봐. '그들은 그걸 끝낼지도 몰라.'
They might finish it.   그들은 그걸 끝낼지도 몰라.

🙂 마음이 바뀌면 '그들은 그를 초대할지도 몰라.'
They might invite him.   그들은 그를 초대할지도 몰라.

🙂 워크숍에 참가해보라고 해. '그들은 뭔가 배울지도 몰라.'
They might learn something.   그들은 뭔가 배울지도 몰라.

forget [폴겟] 잊다   *consider* [컨씨더] 고려하다   *invite* [인바이트] 초대하다

우리말만 보고 영어로 **자동발사** 해 보세요.

MP3를 들으며 자동발사가 되는지 확인해 보세요.

| 그들은 ~할지도 몰라 | **They might ~** |

내 노래를 들으면
그들은 웃을지도 몰라. → They might laugh.

맨날 놀기만 하잖아.
그들은 낙제할지도 몰라.

여러 번 말해야 해.
그들은 잊을지도 몰라.

진심으로 부탁하면
그들은 그걸 고려할지도 몰라.

조금만 더 기다려 봐.
그들은 그걸 끝낼지도 몰라.

마음이 바뀌면
그들은 그를 초대할지도 몰라.

워크숍에 참가해보라고 해.
그들은 뭔가 배울지도 몰라.

일상에서 쓰는 진짜 영어, 쉬운 영어!

7월 12일

주형석

 박경식
이게 뭐야??

주형석
아내한테 선물하려고 주문했어

이 책을 읽으면
She might learn something.
그녀는 뭔가 배울지도 몰라.

 박경식
음...

그전에 네가 먼저 선물을
잘못 골랐다는 걸 배우게 될걸...

   보내기

DAY 15

나는 기다리지 않을지도 몰라.
I might not wait.   나는 ~하지 않을지도 몰라

> 사랑은 움직이는 거야.
> 마음은 슬프지만
> 나는 기다리지 않을지도 몰라.
> **I might not wait.**

이렇게 말해요!

'기다려'는 wait, '나는 기다리지 않을지도 몰라'는 그 앞에 **I might not**을 붙이면 돼요.

- 나는 기다리지 않을지도 몰라.   **I might not** wait.

영어 문장을 **따라하며** 에코잉 해 보세요.

🎧 MP3를 들으며 메아리처럼 에코잉 해 보세요.

I might not ~   나는 ~하지 않을지도 몰라

😊 일단 말해봐. '나는 상관하지 않을지도 몰라.'   *영어 문장이 실제로 쓰이는 상황을 같이 보면 더 기억하기 쉬워요!*
I might not care.   나는 상관하지 않을지도 몰라.

😊 별로 생각 없어서 '나는 먹지 않을지도 몰라.'
I might not eat.   나는 먹지 않을지도 몰라.

😊 아직 잘 모르겠어. '나는 가지 않을지도 몰라.'
I might not go.   나는 가지 않을지도 몰라.

😊 이번에 가면 '나는 돌아오지 않을지도 몰라.'
I might not come back.   나는 돌아오지 않을지도 몰라.

😐 직접 볼 수 없다면, '나는 그걸 믿지 않을지도 몰라.'
I might not believe it.   나는 그걸 믿지 않을지도 몰라.

😊 딱히 살 건 없어서 '나는 현금이 필요하지 않을지도 몰라.'
I might not need cash.   나는 현금이 필요하지 않을지도 몰라.

😊 다들 재미없대서 '나는 그 영화 보지 않을지도 몰라.'
I might not watch the movie.   나는 그 영화 보지 않을지도 몰라.

care [케어] 상관하다   **believe** [빌리브] 믿다

우리말만 보고 영어로 **자동발사** 해 보세요.

MP3를 들으며 자동발사가 되는지 확인해 보세요.

| 나는 ~하지 않을지도 몰라 | **I might not ~** |

일단 말해봐.
나는 상관하지 않을지도 몰라.   I might not care.

별로 생각 없어서
나는 먹지 않을지도 몰라.

아직 잘 모르겠어.
나는 가지 않을지도 몰라.

이번에 가면
나는 돌아오지 않을지도 몰라.

직접 볼 수 없다면,
나는 그걸 믿지 않을지도 몰라.

딱히 살 건 없어서
나는 현금이 필요하지 않을지도 몰라.

다들 재미없대서
나는 그 영화 보지 않을지도 몰라.

영어 문장을 **따라하며** 에코잉 해 보세요.

 MP3를 들으며 메아리처럼 에코잉 해 보세요.

He might not ~   그는 ~하지 않을지도 몰라

😊 다른 사람이 뭐라고 하든 '그는 상관하지 않을지도 몰라.'
He might not care. 그는 상관하지 않을지도 몰라.

😊 아까 간식 먹어서 '그는 먹지 않을지도 몰라.'
He might not eat. 그는 먹지 않을지도 몰라.

😊 피곤해하던데, '그는 가지 않을지도 몰라.'
He might not go. 그는 가지 않을지도 몰라.

☹ 어서 가서 잡아. '그는 돌아오지 않을지도 몰라.'
He might not come back. 그는 돌아오지 않을지도 몰라.

☹ 이제 더 이상 '그는 그걸 믿지 않을지도 몰라.'
He might not believe it. 그는 그걸 믿지 않을지도 몰라.

😊 신용카드 있으니까 '그는 현금이 필요하지 않을지도 몰라.'
He might not need cash. 그는 현금이 필요하지 않을지도 몰라.

😊 그런 장르 안 좋아해서 '그는 그 영화 보지 않을지도 몰라.'
He might not watch the movie. 그는 그 영화 보지 않을지도 몰라.

care [케어] 상관하다   **believe** [빌리브] 믿다

우리말만 보고 영어로 **자동발사** 해 보세요.

MP3를 들으며 자동발사가 되는지 확인해 보세요.

그는 ~하지 않을지도 몰라　　**He might not ~**

다른 사람이 뭐라고 하든
그는 상관하지 않을지도 몰라.　　He might not care.

아까 간식 먹어서
그는 먹지 않을지도 몰라.

피곤해하던데,
그는 가지 않을지도 몰라.

어서 가서 잡아.
그는 돌아오지 않을지도 몰라.

이제 더 이상
그는 그걸 믿지 않을지도 몰라.

신용카드 있으니까
그는 현금이 필요하지 않을지도 몰라.

그런 장르 안 좋아해서
그는 그 영화 보지 않을지도 몰라.

영어 문장을 **따라하며** 에코잉 해 보세요.

 MP3를 들으며 메아리처럼 에코잉 해 보세요.

They might not ~ 　　　그들은 ~하지 않을지도 몰라

☺ 사소한 일이라 '그들은 상관하지 않을지도 몰라.'
They might not care.　　　그들은 상관하지 않을지도 몰라.

☺ 입맛이 까다로워서 '그들은 먹지 않을지도 몰라.'
They might not eat.　　　그들은 먹지 않을지도 몰라.

☹ 네가 같이 안 가면 '그들은 가지 않을지도 몰라.'
They might not go.　　　그들은 가지 않을지도 몰라.

☺ 이미 너무 멀리 가서 '그들은 돌아오지 않을지도 몰라.'
They might not come back.　　　그들은 돌아오지 않을지도 몰라.

☹ 워낙 의심이 많거든. '그들은 그걸 믿지 않을지도 몰라.'
They might not believe it.　　　그들은 그걸 믿지 않을지도 몰라.

☺ 돈 쓸 일이 없어서 '그들은 현금이 필요하지 않을지도 몰라.'
They might not need cash.　　　그들은 현금이 필요하지 않을지도 몰라.

☹ 평이 좋지 않대. '그들은 그 영화 보지 않을지도 몰라.'
They might not watch the movie.　　　그들은 그 영화 보지 않을지도 몰라.

care [케어] 상관하다　　believe [빌리브] 믿다

자동발사 톡!

우리말만 보고 영어로 **자동발사** 해 보세요.

> MP3를 들으며 자동발사가 되는지 확인해 보세요.

| 그들은 ~하지 않을지도 몰라 | **They might not ~** |

사소한 일이라
그들은 상관하지 않을지도 몰라. → They might not care.

입맛이 까다로워서
그들은 먹지 않을지도 몰라.

네가 같이 안 가면
그들은 가지 않을지도 몰라.

이미 너무 멀리 가서
그들은 돌아오지 않을지도 몰라.

워낙 의심이 많거든.
그들은 그걸 믿지 않을지도 몰라.

돈 쓸 일이 없어서
그들은 현금이 필요하지 않을지도 몰라.

평이 좋지 않대.
그들은 그 영화 보지 않을지도 몰라.

일상에서 쓰는 진짜 영어, 쉬운 영어!

3월 3일

언니
냉장고에 있던 푸딩 먹었어?

일단 말해봐
I might not care. 나는 상관하지 않을지도 몰라.

 동생
맞아... 범인은 나야...

언니
흠..

이 언니가 딱 한 번만 봐주지

 동생
웬일이야? 화 안내?

언니
사실 저번에 네 케이크 내가 먹은 거였거든

    보내기

DAY 16

나는 저걸 사야 해.
I should buy that.

나는 ~해야 해

자기, 지금 홈쇼핑 봐?
지난번에 백화점에서 본 거 있잖아.
방송 중에만 원플러스원이래.
나는 저걸 사야 해.
I should buy that.

이렇게 말해요!

'저걸 사'는 buy that, '나는 저걸 사야 해'는 그 앞에 **I should**를 붙이면 돼요.

- **나는** 저걸 사야 **해**.   **I should** buy that.

따라하며 톡!

영어 문장을 **따라하며** 에코잉 해 보세요.

 MP3를 들으며 메아리처럼 에코잉 해 보세요.

I should ~ 　　　　　　　　　　　나는 ~해야 해

☺ 확률이 낮더라도 '나는 노력해야 해.'
I should try. 　　　　　　　　　　　　　　나는 노력해야 해.

☺ 배가 너무 불러서 '나는 걸어야 해.'
I should walk. 　　　　　　　　　　　　　나는 걸어야 해.

☹ 너무 피곤해서 '나는 그만해야 해.'
I should stop. 　　　　　　　　　　　　　나는 그만해야 해.

☹ 오늘 꼭 '나는 그녀를 방문해야 해.'
I should visit her. 　　　　　　　　　　　나는 그녀를 방문해야 해.

☺ 내년에 이사 가려면 '나는 저축해야 해.'
I should save money. 　　　　　　　　　나는 저축해야 해.

☺ 혼자선 못 할 거야. '나는 그를 도와야 해.'
I should help him. 　　　　　　　　　　나는 그를 도와야 해.

☺ 머리 좀 식혀야겠어. '나는 쉬어야 해.'
I should take a break. 　　　　　　　　나는 쉬어야 해.

---

save money [쎄이브 머니] 저축하다　　**take a break** [테이크 어 브레이크] 쉬다

우리말만 보고 영어로 **자동발사** 해 보세요.

🎧 MP3를 들으며 자동발사가 되는지 확인해 보세요.

| 나는 ~해야 해 | **I should ~** |

확률이 낮더라도
나는 노력해야 해. 📢 I should try.

배가 너무 불러서
나는 걸어야 해. 📢

너무 피곤해서
나는 그만해야 해. 📢

오늘 꼭
나는 그녀를 방문해야 해. 📢

내년에 이사 가려면
나는 저축해야 해. 📢

혼자선 못 할 거야.
나는 그를 도와야 해. 📢

머리 좀 식혀야겠어.
나는 쉬어야 해. 📢

따라하며 톡!

영어 문장을 **따라하며** 에코잉 해 보세요.

🎧 MP3를 들으며 메아리처럼 에코잉 해 보세요.

You should ~   너는 ~해야 해

😊 후회하지 않으려면 '너는 노력해야 해.'
You should try.   너는 노력해야 해.

😊 운동 부족이라 '너는 걸어야 해.'
You should walk.   너는 걸어야 해.

😐 힘들어 보여. '너는 그만해야 해.'
You should stop.   너는 그만해야 해.

☹ 많이 아프대. '너는 그녀를 방문해야 해.'
You should visit her.   너는 그녀를 방문해야 해.

😊 집 사려면 '너는 저축해야 해.'
You should save money.   너는 저축해야 해.

😊 너의 도움이 필요해. '너는 그를 도와야 해.'
You should help him.   너는 그를 도와야 해.

😊 종일 일했으니 '너는 쉬어야 해.'
You should take a break.   너는 쉬어야 해.

save money [쎄이브 머니] 저축하다   **take a break** [테이크 어 브레이크] 쉬다

우리말만 보고 영어로 **자동발사** 해 보세요.

🔊 MP3를 들으며 자동발사가 되는지 확인해 보세요.

| 너는 ~해야 해 | **You should ~** |

후회하지 않으려면
너는 노력해야 해. 📢 You should try.

운동 부족이라
너는 걸어야 해. 📢

힘들어 보여.
너는 그만해야 해. 📢

많이 아프대.
너는 그녀를 방문해야 해. 📢

집 사려면
너는 저축해야 해. 📢

너의 도움이 필요해.
너는 그를 도와야 해. 📢

종일 일했으니
너는 쉬어야 해. 📢

영어 문장을 **따라하며** 에코잉 해 보세요.

🎧 MP3를 들으며 메아리처럼 에코잉 해 보세요.

He should ~　　　　　　　　　　　　　　　그는 ~해야 해

☺ 목표를 달성하려면 '그는 노력해야 해.'
He should try.　　　　　　　　　　　　　　　그는 노력해야 해.

☺ 출퇴근길에라도 '그는 걸어야 해.'
He should walk.　　　　　　　　　　　　　그는 걸어야 해.

☹ 이젠 포기하라고 해. '그는 그만해야 해.'
He should stop.　　　　　　　　　　　　　그는 그만해야 해.

☺ 할머니가 오라고 하셔서 '그는 그녀를 방문해야 해.'
He should visit her.　　　　　　　　　　　그는 그녀를 방문해야 해.

☺ 카드 값을 줄여서 '그는 저축해야 해.'
He should save money.　　　　　　　　　그는 저축해야 해.

☺ 친구니까 '그는 그를 도와야 해.'
He should help him.　　　　　　　　　　　그는 그를 도와야 해.

☺ 건강도 생각해야지. '그는 쉬어야 해.'
He should take a break.　　　　　　　　　그는 쉬어야 해.

save money [쎄이브 머니] 저축하다　　**take a break** [테이크 어 브뤠이크] 쉬다

우리말만 보고 영어로 **자동발사** 해 보세요.

🎧 MP3를 들으며 자동발사가 되는지 확인해 보세요.

그는 ~해야 해   He should ~

목표를 달성하려면
그는 노력해야 해.   📢 He should try.

출퇴근길에라도
그는 걸어야 해.   📢

이젠 포기하라고 해.
그는 그만해야 해.   📢

할머니가 오라고 하셔서
그는 그녀를 방문해야 해.   📢

카드 값을 줄여서
그는 저축해야 해.   📢

친구니까
그는 그를 도와야 해.   📢

건강도 생각해야지.
그는 쉬어야 해.   📢

일상에서 쓰는 진짜 영어, 쉬운 영어!

12월 12일

 수진 엄마
성훈 엄마, 뭐해?

성훈 엄마
나 애들이랑 남편 밥 차려주고 쉬는 중~

 수진 엄마
요새 남편이 자꾸 자기 영어 공부 좀 한다고 막 어려운 영어 쓰면서 나 놀리거든…?

그래서 나잇값 좀 하라고 'you pay… age price..!?' 이렇게 소리질러 버릴까!?

성훈 엄마
그럼 남편이 더 놀릴지도 몰라! ㅎㅎ

그럴 때는
You should act your age. 너는 나잇값 좀 해야 해.

이렇게 말해봐~

기가 팍 죽을걸!? ㅎ

 　　　　　　　　　　　　　보내기

DAY 17

나는 그녀에게 전화하면 안 돼.
I shouldn't call her.   나는 ~하면 안 돼

한 달 전
헤어진 그녀가 보고 싶다...
문자 해볼까...? 전화해볼까...? 아니야!
나는 그녀에게 전화하면 안 돼.
I shouldn't call her.

이렇게 말해요!

'그녀에게 전화해'는 **call her**, '나는 그녀에게 전화하면 안 돼'는 그 앞에 **I shouldn't**를 붙이면 돼요.

· 나는 그녀에게 전화**하면 안 돼**.   **I shouldn't** call her.

★ shouldn't는 should not의 줄임말이고, 말할 때는 shouldn't를 많이 써요.

영어 문장을 **따라하며** 에코잉 해 보세요.

🎧 MP3를 들으며 메아리처럼 에코잉 해 보세요.

I shouldn't ~   나는 ~하면 안 돼

😊 이제 갈 시간이야. '나는 계속 있으면 안 돼.'
I shouldn't stay.   나는 계속 있으면 안 돼.

😐 당분간 '나는 일하면 안 돼.'
I shouldn't work.   나는 일하면 안 돼.

😞 목이 쉬어서 '나는 말하면 안 돼.'
I shouldn't talk.   나는 말하면 안 돼.

😊 약 먹는 중이라 '나는 술 마시면 안 돼.'
I shouldn't drink.   나는 술 마시면 안 돼.

😊 밤늦게까지 '나는 TV를 보면 안 돼.'
I shouldn't watch TV.   나는 TV를 보면 안 돼.

😊 다이어트 중이라서 '나는 그걸 먹으면 안 돼.'
I shouldn't eat that.   나는 그걸 먹으면 안 돼.

😐 다들 반대하니까 '나는 거기에 가면 안 돼.'
I shouldn't go there.   나는 거기에 가면 안 돼.

stay [스테이] 계속 있다

우리말만 보고 영어로 **자동발사** 해 보세요.

나는 ~하면 안 돼   I shouldn't ~

이제 갈 시간이야.
나는 계속 있으면 안 돼.   I shouldn't stay.

당분간
나는 일하면 안 돼.

목이 쉬어서
나는 말하면 안 돼.

약 먹는 중이라
나는 술 마시면 안 돼.

밤늦게까지
나는 TV를 보면 안 돼.

다이어트 중이라서
나는 그걸 먹으면 안 돼.

다들 반대하니까
나는 거기에 가면 안 돼.

영어 문장을 **따라하며** 에코잉 해 보세요.

🎧 MP3를 들으며 메아리처럼 에코잉 해 보세요.

You shouldn't ~   너는 ~하면 안 돼

😐 빨리 집에 가. '너는 계속 있으면 안 돼.'
You shouldn't stay.   너는 계속 있으면 안 돼.

☹️ 지금 아프니까 '너는 일하면 안 돼.'
You shouldn't work.   너는 일하면 안 돼.

☹️ 영화 상영 중에는 '너는 말하면 안 돼.'
You shouldn't talk.   너는 말하면 안 돼.

☹️ 의사 말을 들어야지. '너는 술 마시면 안 돼.'
You shouldn't drink.   너는 술 마시면 안 돼.

🙂 시험이 코앞이야. '너는 TV를 보면 안 돼.'
You shouldn't watch TV.   너는 TV를 보면 안 돼.

🙂 알레르기가 있잖아. '너는 그걸 먹으면 안 돼.'
You shouldn't eat that.   너는 그걸 먹으면 안 돼.

☹️ 앞으로 '너는 거기에 가면 안 돼.'
You shouldn't go there.   너는 거기에 가면 안 돼.

stay [스테이] 계속 있다

우리말만 보고 영어로 **자동발사** 해 보세요.

🎧 MP3를 들으며 자동발사가 되는지 확인해 보세요.

너는 ~하면 안 돼   **You shouldn't ~**

빨리 집에 가.
너는 계속 있으면 안 돼. 📢 You shouldn't stay.

지금 아프니까
너는 일하면 안 돼. 📢

영화 상영 중에는
너는 말하면 안 돼. 📢

의사 말을 들어야지.
너는 술 마시면 안 돼. 📢

시험이 코앞이야.
너는 TV를 보면 안 돼. 📢

알레르기가 있잖아.
너는 그걸 먹으면 안 돼. 📢

앞으로
너는 거기에 가면 안 돼. 📢

따라하며 톡!

영어 문장을 **따라하며** 에코잉 해 보세요.

🎧 MP3를 들으며 메아리처럼 에코잉 해 보세요.

We shouldn't ~   우리는 ~하면 안 돼

☺ 곧 문 닫을 시간이야. '우리는 계속 있으면 안 돼.'
We shouldn't stay.   우리는 계속 있으면 안 돼.

☺ 지금은 '우리는 일하면 안 돼.'
We shouldn't work.   우리는 일하면 안 돼.

☺ 민감한 문제에 대해서는 '우리는 말하면 안 돼.'
We shouldn't talk.   우리는 말하면 안 돼.

☺ 둘 다 차 가지고 왔으니 '우리는 술 마시면 안 돼.'
We shouldn't drink.   우리는 술 마시면 안 돼.

☺ 다 같이 식사할 때 '우리는 TV를 보면 안 돼.'
We shouldn't watch TV.   우리는 TV를 보면 안 돼.

☹ 상한 것 같아. '우리는 그걸 먹으면 안 돼.'
We shouldn't eat that.   우리는 그걸 먹으면 안 돼.

☹ 위험해 보여. '우리는 거기에 가면 안 돼.'
We shouldn't go there.   우리는 거기에 가면 안 돼.

stay [스테이] 계속 있다

우리말만 보고 영어로 **자동발사** 해 보세요.

🎧 MP3를 들으며 자동발사가 되는지 확인해 보세요.

우리는 ~하면 안 돼   We shouldn't ~

곧 문 닫을 시간이야.
우리는 계속 있으면 안 돼.   📢 We shouldn't stay.

지금은
우리는 일하면 안 돼.   📢

민감한 문제에 대해서는
우리는 말하면 안 돼.   📢

둘 다 차 가지고 왔으니
우리는 술 마시면 안 돼.   📢

다 같이 식사할 때
우리는 TV를 보면 안 돼.   📢

상한 것 같아.
우리는 그걸 먹으면 안 돼.   📢

위험해 보여.
우리는 거기에 가면 안 돼.   📢

일상에서 쓰는 진짜 영어, 쉬운 영어!

6월 28일

 수진

현정
오오...

 수진
친구여! 함께 먹으러 가지 않겠는가!

현정
다이어트 중이라서
I shouldn't eat that. 나는 그거 먹으면 안 돼.

 수진
다이어트는 포샵으로!

보내기

DAY 18

> ## 나는 이걸 끝내야만 해.
> I must finish this.
>
> 나는 ~해야만 해

오늘까지 꼭 끝낼 거야!
이건 나와의 약속이니까…
밤을 새서라도
나는 이걸 끝내야만 해.
I must finish this.

이렇게 말해요!

'이걸 끝내'는 finish this, '나는 이걸 끝내야만 해'는 그 앞에 **I must**를 붙이면 돼요.

- **나는 이걸 끝내야만 해.**   **I must** finish this.

★ must는 should보다 더 강한 의미를 담아, 의무나 규칙을 말할 때 주로 써요.

영어 문장을 따라하며 에코잉 해 보세요.

🎧 MP3를 들으며 메아리처럼 에코잉 해 보세요.

I must ~   나는 ~해야만 해

😊 버스 끊기기 전에 '나는 가야만 해.'
영어 문장이 실제로 쓰이는 상황을 같이 보면 더 기억하기 쉬워요!

I must go.   나는 가야만 해.

😊 오타가 없는지 '나는 확인해야만 해.'

I must check.   나는 확인해야만 해.

😊 내 차례가 올 때까지 '나는 기다려야만 해.'

I must wait.   나는 기다려야만 해.

😊 노후 준비를 위해 '나는 돈을 벌어야만 해.'

I must earn money.   나는 돈을 벌어야만 해.

😊 어버이날만큼은 '나는 편지를 써야만 해.'

I must write a letter.   나는 편지를 써야만 해.

☹️ 이건 옳지 않아. '나는 그 사실을 말해야만 해.'

I must tell the truth.   나는 그 사실을 말해야만 해.

😊 누가 보지 않아도 '나는 규칙을 따라야만 해.'

I must follow the rule.   나는 규칙을 따라야만 해.

earn [언] (돈을) 벌다   **truth** [트루쓰] 사실   **follow** [팔로우] 따르다   **rule** [룰] 규칙

우리말만 보고 영어로 **자동발사** 해 보세요.

MP3를 들으며 자동발사가 되는지 확인해 보세요.

| 나는 ~해야만 해 | **I must ~** |

버스 끊기기 전에
나는 가야만 해.   📢 I must go.

오타가 없는지
나는 확인해야만 해.

내 차례가 올 때까지
나는 기다려야만 해.

노후 준비를 위해
나는 돈을 벌어야만 해.

어버이날만큼은
나는 편지를 써야만 해.

이건 옳지 않아.
나는 그 사실을 말해야만 해.

누가 보지 않아도
나는 규칙을 따라야만 해.

영어 문장을 **따라하며** 에코잉 해 보세요.

🎧 MP3를 들으며 메아리처럼 에코잉 해 보세요.

You must ~ 　　　　　　　　　　　　너는 ~해야만 해

😊 그러다 지각하겠어. '너는 가야만 해.'
You must go. 　　　　　　　　　　　너는 가야만 해.

😊 문을 잘 잠갔는지 '너는 확인해야만 해.'
You must check. 　　　　　　　　　　너는 확인해야만 해.

😊 가면 안 돼. '너는 기다려야만 해.'
You must wait. 　　　　　　　　　　　너는 기다려야만 해.

😊 독립할 나이잖아. '너는 돈을 벌어야만 해.'
You must earn money. 　　　　　　　너는 돈을 벌어야만 해.

☹ 진심으로 사과하려면 '너는 편지를 써야만 해.'
You must write a letter. 　　　　　　너는 편지를 써야만 해.

☹ 양심에 찔리지도 않아? '너는 그 사실을 말해야만 해.'
You must tell the truth. 　　　　　　너는 그 사실을 말해야만 해.

😊 모두와의 약속이니 '너는 규칙을 따라야만 해.'
You must follow the rule. 　　　　　너는 규칙을 따라야만 해.

earn [언] (돈을) 벌다　　**truth** [트루쓰] 사실　　**follow** [팔로우] 따르다　　**rule** [룰] 규칙

우리말만 보고 영어로 **자동발사** 해 보세요.

🎧 MP3를 들으며 자동발사가 되는지 확인해 보세요.

너는 ~해야만 해   **You must ~**

그러다 지각하겠어.
너는 가야만 해.   📢 You must go.

문을 잘 잠갔는지
너는 확인해야만 해.   📢

가면 안 돼.
너는 기다려야만 해.   📢

독립할 나이잖아.
너는 돈을 벌어야만 해.   📢

진심으로 사과하려면
너는 편지를 써야만 해.   📢

양심에 찔리지도 않아?
너는 그 사실을 말해야만 해.   📢

모두와의 약속이니
너는 규칙을 따라야만 해.   📢

영어 문장을 **따라하며** 에코잉 해 보세요.

 MP3를 들으며 메아리처럼 에코잉 해 보세요.

She must ~   그녀는 ~해야만 해

☺ 더 늦기 전에 '그녀는 가야만 해.'
She must go.   그녀는 가야만 해.

☺ 빠뜨린 것이 없는지 '그녀는 확인해야만 해.'
She must check.   그녀는 확인해야만 해.

☺ 버스가 올 때까지 '그녀는 기다려야만 해.'
She must wait.   그녀는 기다려야만 해.

☹ 소녀 가장이라 '그녀는 돈을 벌어야만 해.'
She must earn money.   그녀는 돈을 벌어야만 해.

☺ 너무 멀어 못 만나니까 '그녀는 편지를 써야만 해.'
She must write a letter.   그녀는 편지를 써야만 해.

☺ 범인을 잡으려면 '그녀는 그 사실을 말해야만 해.'
She must tell the truth.   그녀는 그 사실을 말해야만 해.

☺ 게임이라고 봐주지 않아. '그녀는 규칙을 따라야만 해.'
She must follow the rule.   그녀는 규칙을 따라야만 해.

earn [언] (돈을) 벌다   **truth** [트루쓰] 사실   **follow** [팔로우] 따르다   **rule** [룰] 규칙

자동발사 톡!

우리말만 보고 영어로 **자동발사** 해 보세요.

🎧 MP3를 들으며 자동발사가 되는지 확인해 보세요.

| 그녀는 ~해야만 해 | **She must ~** |

더 늦기 전에
그녀는 가야만 해.   📢 She must go.

빠뜨린 것이 없는지
그녀는 확인해야만 해.

버스가 올 때까지
그녀는 기다려야만 해.

소녀 가장이라
그녀는 돈을 벌어야만 해.

너무 멀어 못 만나니까
그녀는 편지를 써야만 해.

범인을 잡으려면
그녀는 그 사실을 말해야만 해.

게임이라고 봐주지 않아.
그녀는 규칙을 따라야만 해.

일상에서 쓰는 진짜 영어, 쉬운 영어!

2월 8일

동원

자기야 대박이야!! 아까 현금 내고 잔돈 오천 원 받았거든?

지금 보니 오만 원짜리였어!! 이걸로 오늘 데이트할까?

 슬기

양심에 찔리지도 않아?
You must tell the truth.
너는 그 사실을 말해야만 해.

다시 가서 사실대로 말씀드리고 돌려드려야지

동원

ㅠㅠ 자기가 좋아하는 스테이크 좀 썰까 했는데

 슬기

그..래도 돌려드리자...

보내기

DAY 19

나는 절대 마시면 안 돼.
I must not drink.   나는 절대 ~하면 안 돼

한 잔만 먹고 가라고?
아… 나도 진짜 그러고 싶은데…
오늘부터 술 끊었어… 미안.
나는 절대 마시면 안 돼.
I must not drink.

이렇게 말해요!

'마셔'는 drink, '나는 절대 마시면 안 돼'는 그 앞에 I must not을 붙이면 돼요.

- 나는 절대 마시면 안 돼.   **I must not** drink.

영어 문장을 **따라하며** 에코잉 해 보세요.

 MP3를 들으며 메아리처럼 에코잉 해 보세요.

I must not ~ 나는 절대 ~하면 안 돼

😊 면허가 없어서 '나는 절대 운전하면 안 돼.'
I must not drive.   나는 절대 운전하면 안 돼.

😐 중요한 전화를 받기로 했어. '나는 절대 자면 안 돼.'
I must not sleep.   나는 절대 자면 안 돼.

😊 이제 더 이상 '나는 절대 싸우면 안 돼.'
I must not fight.   나는 절대 싸우면 안 돼.

☹ 몸이 안 좋아서 '나는 절대 수영하면 안 돼.'
I must not swim.   나는 절대 수영하면 안 돼.

😊 등록금 아까워서라도 '나는 절대 수업을 빠지면 안 돼.'
I must not miss class.   나는 절대 수업을 빠지면 안 돼.

😊 격식 있는 자리에 갈 때 '나는 절대 모자를 쓰면 안 돼.'
I must not wear a cap.   나는 절대 모자를 쓰면 안 돼.

😊 이번에 '나는 절대 실수를 하면 안 돼.'
I must not make a mistake.   나는 절대 실수를 하면 안 돼.

> 영어 문장이 실제로 쓰이는 상황을 같이 보면 더 기억하기 쉬워요!

miss [미쓰] 빠지다   cap [캡] 모자   mistake [미스테이크] 실수

우리말만 보고 영어로 **자동발사** 해 보세요.

🎧 MP3를 들으며 자동발사가 되는지 확인해 보세요.

나는 절대 ~하면 안 돼 — I must not ~

면허가 없어서
나는 절대 운전하면 안 돼.   📢 I must not drive.

중요한 전화를 받기로 했어.
나는 절대 자면 안 돼.

이제 더 이상
나는 절대 싸우면 안 돼.

몸이 안 좋아서
나는 절대 수영하면 안 돼.

등록금 아까워서라도
나는 절대 수업을 빠지면 안 돼.

격식 있는 자리에 갈 때
나는 절대 모자를 쓰면 안 돼.

이번에
나는 절대 실수를 하면 안 돼.

영어 문장을 **따라하며** 에코잉 해 보세요.

MP3를 들으며 메아리처럼 에코잉 해 보세요.

He must not ~ 그는 절대 ~하면 안 돼

☹ 딱 한 잔 마셨어도 '그는 절대 운전하면 안 돼.'
He must not drive. 　　　　　　　　그는 절대 운전하면 안 돼.

😐 이거 다 끝낼 때까지 '그는 절대 자면 안 돼.'
He must not sleep. 　　　　　　　　그는 절대 자면 안 돼.

🙂 학교에서 '그는 절대 싸우면 안 돼.'
He must not fight. 　　　　　　　　그는 절대 싸우면 안 돼.

🙂 구명조끼 없이 '그는 절대 수영하면 안 돼.'
He must not swim. 　　　　　　　　그는 절대 수영하면 안 돼.

😐 더 이상 '그는 절대 수업을 빠지면 안 돼.'
He must not miss class. 　　　　　　그는 절대 수업을 빠지면 안 돼.

🙂 면접 갈 때 '그는 절대 모자를 쓰면 안 돼.'
He must not wear a cap. 　　　　　그는 절대 모자를 쓰면 안 돼.

☹ 정말 중요한 문제라 '그는 절대 실수를 하면 안 돼.'
He must not make a mistake. 　　　그는 절대 실수를 하면 안 돼.

miss [미쓰] 빠지다　cap [캡] 모자　mistake [미스테이크] 실수

우리말만 보고 영어로 **자동발사** 해 보세요.

🎧 MP3를 들으며 자동발사가 되는지 확인해 보세요.

| 그는 절대 ~하면 안 돼 | # He must not ~ |

딱 한 잔 마셨어도
그는 절대 운전하면 안 돼.　📢 He must not drive.

이거 다 끝낼 때까지
그는 절대 자면 안 돼.　📢

학교에서
그는 절대 싸우면 안 돼.　📢

구명조끼 없이
그는 절대 수영하면 안 돼.　📢

더 이상
그는 절대 수업을 빠지면 안 돼.　📢

면접 갈 때
그는 절대 모자를 쓰면 안 돼.　📢

정말 중요한 문제라
그는 절대 실수를 하면 안 돼.　📢

영어 문장을 **따라하며** 에코잉 해 보세요.

MP3를 들으며 메아리처럼 에코잉 해 보세요.

They must not ~   그들은 절대 ~하면 안 돼

😟 자동차 보험 없이는 '그들은 절대 운전하면 안 돼.'
They must not drive.   그들은 절대 운전하면 안 돼.

😊 오늘 밤에는 '그들은 절대 자면 안 돼.'
They must not sleep.   그들은 절대 자면 안 돼.

😊 앞으로도 계속 볼 사이라서 '그들은 절대 싸우면 안 돼.'
They must not fight.   그들은 절대 싸우면 안 돼.

😟 파도가 너무 세서 '그들은 절대 수영하면 안 돼.'
They must not swim.   그들은 절대 수영하면 안 돼.

😊 낙제하기 싫다면 '그들은 절대 수업을 빠지면 안 돼.'
They must not miss class.   그들은 절대 수업을 빠지면 안 돼.

😊 여권 사진을 찍을 때 '그들은 절대 모자를 쓰면 안 돼.'
They must not wear a cap.   그들은 절대 모자를 쓰면 안 돼.

😊 마지막 기회니 '그들은 절대 실수를 하면 안 돼.'
They must not make a mistake.   그들은 절대 실수를 하면 안 돼.

miss [미쓰] 빠지다   cap [캡] 모자   mistake [미스테이크] 실수

우리말만 보고 영어로 **자동발사** 해 보세요.

🎧 MP3를 들으며 자동발사가 되는지 확인해 보세요.

그들은 절대 ~하면 안 돼   They must not ~

자동차 보험 없이는
그들은 절대 운전하면 안 돼.　📢 They must not drive.

오늘 밤에는
그들은 절대 자면 안 돼.　📢

앞으로도 계속 볼 사이라서
그들은 절대 싸우면 안 돼.　📢

파도가 너무 세서
그들은 절대 수영하면 안 돼.　📢

낙제하기 싫다면
그들은 절대 수업을 빠지면 안 돼.　📢

여권 사진을 찍을 때
그들은 절대 모자를 쓰면 안 돼.　📢

마지막 기회니
그들은 절대 실수를 하면 안 돼.　📢

일상에서 쓰는 진짜 영어, 쉬운 영어!

8월 6일

 태영
주말에 드라이브 갈래?

현정
오~ 좋지!

근데 언제 면허 땄어? 너 면허 없었잖아

 태영
안 땄어! 니 차로 가자구ㅋㅋㅋ

면허가 없어서
I must not drive. 나는 절대 운전하면 안 돼.

현정

  　　　　　　　　　　　보내기

DAY 20

나는 자야만 해.
I have to sleep.

나는 ~해야만 해

도대체 지금이 몇 신데…
저 집 사람들은 잠도 안 자나!!
아 제발…
나 내일 일찍 일어나야 한다고!!
나는 자야만 해.
I have to sleep.

이렇게 말해요!

'자'는 sleep, '나는 자야만 해'는 말은 그 앞에 **I have to**를 붙이면 돼요.

- 나는 자야만 해.   **I have to** sleep.

★ have to는 must와 비슷한 의미지만, 말할 때는 have to를 많이 써요.

영어 문장을 **따라하며** 에코잉 해 보세요.

🎧 MP3를 들으며 메아리처럼 에코잉 해 보세요.

I have to ~   나는 ~해야만 해

😊 사진 찍을 때만이라도 '나는 웃어야만 해.'
I have to laugh.   나는 웃어야만 해.

😐 조용히 좀 해봐. '나는 집중해야만 해.'
I have to focus.   나는 집중해야만 해.

😊 문 열기 전에 '나는 노크해야만 해.'
I have to knock.   나는 노크해야만 해.

😊 더 먹고 싶지만 '나는 멈춰야만 해.'
I have to stop.   나는 멈춰야만 해.

😊 할 말이 있어서 '나는 그를 만나야만 해.'
I have to meet him.   나는 그를 만나야만 해.

😊 되도록 빨리 '나는 표를 사야만 해.'
I have to buy a ticket.   나는 표를 사야만 해.

😊 최대한 솔직하게 '나는 그 질문에 대답해야만 해.'
I have to answer the question.   나는 그 질문에 대답해야만 해.

> 영어 문장이 실제로 쓰이는 상황을 같이 보면 더 기억하기 쉬워요!

laugh [래프] 웃다   focus [포커스] 집중하다   knock [노크] 노크하다

우리말만 보고 영어로 **자동발사** 해 보세요.

🎧 MP3를 들으며 자동발사가 되는지 확인해 보세요.

| 나는 ~해야만 해 | **I have to ~** |

사진 찍을 때만이라도
나는 웃어야만 해.   📣 I have to laugh.

조용히 좀 해봐.
나는 집중해야만 해.   📣

문 열기 전에
나는 노크해야만 해.   📣

더 먹고 싶지만
나는 멈춰야만 해.   📣

할 말이 있어서
나는 그를 만나야만 해.   📣

되도록 빨리
나는 표를 사야만 해.   📣

최대한 솔직하게
나는 그 질문에 대답해야만 해.   📣

영어 문장을 **따라하며** 에코잉 해 보세요.

 MP3를 들으며 메아리처럼 에코잉 해 보세요.

You have to ~ 너는 ~해야만 해

😊 분위기 맞추려면 '너는 웃어야만 해.'
You have to laugh. 너는 웃어야만 해.

😊 휴대폰 그만 내려놓고 '너는 집중해야만 해.'
You have to focus. 너는 집중해야만 해.

😊 내 방에 들어오기 전에 '너는 노크해야만 해.'
You have to knock. 너는 노크해야만 해.

☹ 더 이상은 무리야. '너는 멈춰야만 해.'
You have to stop. 너는 멈춰야만 해.

😊 걔 정말 괜찮다니까? '너는 그를 만나야만 해.'
You have to meet him. 너는 그를 만나야만 해.

😊 입장하려면 '너는 표를 사야만 해.'
You have to buy a ticket. 너는 표를 사야만 해.

😊 바쁘더라도 '너는 그 질문에 대답해야만 해.'
You have to answer the question. 너는 그 질문에 대답해야만 해.

laugh [래프] 웃다   focus [포커스] 집중하다   knock [노크] 노크하다

우리말만 보고 영어로 **자동발사** 해 보세요.

MP3를 들으며 자동발사가 되는지 확인해 보세요.

| 너는 ~해야만 해 | **You have to ~** |

분위기 맞추려면
너는 웃어야만 해.   You have to laugh.

휴대폰 그만 내려놓고
너는 집중해야만 해.

내 방에 들어오기 전에
너는 노크해야만 해.

더 이상은 무리야.
너는 멈춰야만 해.

걔 정말 괜찮다니까?
너는 그를 만나야만 해.

입장하려면
너는 표를 사야만 해.

바쁘더라도
너는 그 질문에 대답해야만 해.

영어 문장을 따라하며 에코잉 해 보세요.

🎧 MP3를 들으며 메아리처럼 에코잉 해 보세요.

She has to ~   그녀는 ~해야만 해

😊 아무리 재미 없어도 '그녀는 웃어야만 해.'
She has to laugh.   그녀는 웃어야만 해.

😊 오늘 안에 끝내려면 '그녀는 집중해야만 해.'
She has to focus.   그녀는 집중해야만 해.

😊 벨이 고장 나서 '그녀는 노크해야만 해.'
She has to knock.   그녀는 노크해야만 해.

☹ 당장 '그녀는 멈춰야만 해.'
She has to stop.   그녀는 멈춰야만 해.

😐 무슨 일이 있어도 오늘 '그녀는 그를 만나야만 해.'
She has to meet him.   그녀는 그를 만나야만 해.

😊 매진되기 전에 '그녀는 표를 사야만 해.'
She has to buy a ticket.   그녀는 표를 사야만 해.

😊 면접에 가면 '그녀는 그 질문에 대답해야만 해.'
She has to answer the question.   그녀는 그 질문에 대답해야만 해.

laugh [래프] 웃다   focus [포커스] 집중하다   knock [노크] 노크하다

우리말만 보고 영어로 **자동발사** 해 보세요.

🎧 MP3를 들으며 자동발사가 되는지 확인해 보세요.

그녀는 ~해야만 해   She has to ~

아무리 재미 없어도
그녀는 웃어야만 해.   📢 She has to laugh.

오늘 안에 끝내려면
그녀는 집중해야만 해.

벨이 고장 나서
그녀는 노크해야만 해.

당장
그녀는 멈춰야만 해.

무슨 일이 있어도 오늘
그녀는 그를 만나야만 해.

매진되기 전에
그녀는 표를 사야만 해.

면접에 가면
그녀는 그 질문에 대답해야만 해.

일상에서 쓰는 진짜 영어, 쉬운 영어!

10월 9일

엄마
아들~ 학원 끝나고 식빵 사오렴

 수민
네

엄마
근데 지금 수업 시간 아니니?

 수민
아;; 지금 쉬는 시간이에요

엄마

쉬는 시간 10분 뒤인 거 다 안다

휴대폰 그만 내려놓고
You have to focus. 너는 집중해야만 해.

   보내기

DAY 21

나는 돈을 내지 않아도 돼.
I don't have to pay.

나는 ~하지 않아도 돼

아니... 아까 내가 밥 샀잖아~
그럼 커피는 자기가 사야 하는 거 아냐?
어쨌든,
나는 돈을 내지 않아도 돼.
I don't have to pay.

이렇게 말해요!

'돈을 내'는 pay, '나는 돈을 내지 않아도 돼'는 그 앞에 **I don't have to**를 붙이면 돼요.

- 나는 돈을 내지 않아도 돼.   **I don't have to** pay.

영어 문장을 **따라하며** 에코잉 해 보세요.

 MP3를 들으며 메아리처럼 에코잉 해 보세요.

I don't have to ~ 　　　　　　나는 ~하지 않아도 돼

😊 오늘은 외식할 거라서 '나는 요리하지 않아도 돼.'
I don't have to cook. 　　　　　　나는 요리하지 않아도 돼.

😊 떳떳하니까 '나는 숨지 않아도 돼.'
I don't have to hide. 　　　　　　나는 숨지 않아도 돼.

😊 다음 버스 탈 거야. '나는 뛰지 않아도 돼.'
I don't have to run. 　　　　　　나는 뛰지 않아도 돼.

😊 다 끝나서 이제 '나는 걱정하지 않아도 돼.'
I don't have to worry. 　　　　　　나는 걱정하지 않아도 돼.

😊 새로 살 거라서 '나는 그걸 고치지 않아도 돼.'
I don't have to fix it. 　　　　　　나는 그걸 고치지 않아도 돼.

😊 주사 맞았으니까 '나는 약을 먹지 않아도 돼.'
I don't have to take medicine. 　　　　　　나는 약을 먹지 않아도 돼.

😊 이 정도면 깨끗하지. '나는 그 차를 닦지 않아도 돼.'
I don't have to wash the car. 　　　　　　나는 그 차를 닦지 않아도 돼.

hide [하이드] 숨다　　worry [워뤼] 걱정하다　　take medicine [테이크 메디쓴] 약을 먹다

우리말만 보고 영어로 **자동발사** 해 보세요.

🎧 MP3를 들으며 자동발사가 되는지 확인해 보세요.

| 나는 ~하지 않아도 돼 | **I don't have to ~** |

오늘은 외식할 거라서
나는 요리하지 않아도 돼.   📣 I don't have to cook.

떳떳하니까
나는 숨지 않아도 돼.   📣

다음 버스 탈 거야.
나는 뛰지 않아도 돼.   📣

다 끝나서 이제
나는 걱정하지 않아도 돼.   📣

새로 살 거라서
나는 그걸 고치지 않아도 돼.   📣

주사 맞았으니까
나는 약을 먹지 않아도 돼.   📣

이 정도면 깨끗하지.
나는 그 차를 닦지 않아도 돼.   📣

영어 문장을 따라하며 에코잉 해 보세요.

 MP3를 들으며 메아리처럼 에코잉 해 보세요.

He doesn't have to ~ 그는 ~하지 않아도 돼

😊 내가 저녁 준비 다 했어. '그는 요리하지 않아도 돼.'
He doesn't have to cook.   그는 요리하지 않아도 돼.

😊 아무 잘못 없으니 '그는 숨지 않아도 돼.'
He doesn't have to hide.   그는 숨지 않아도 돼.

😊 아직 안 늦었어. '그는 뛰지 않아도 돼.'
He doesn't have to run.   그는 뛰지 않아도 돼.

😊 내가 함께할 테니 '그는 걱정하지 않아도 돼.'
He doesn't have to worry.   그는 걱정하지 않아도 돼.

😊 당장 쓸 건 아니니까 '그는 그걸 고치지 않아도 돼.'
He doesn't have to fix it.   그는 그걸 고치지 않아도 돼.

😊 증상이 심하지 않아서 '그는 약을 먹지 않아도 돼.'
He doesn't have to take medicine.   그는 약을 먹지 않아도 돼.

😊 내가 세차했으니까 '그는 그 차를 닦지 않아도 돼.'
He doesn't have to wash the car.   그는 그 차를 닦지 않아도 돼.

hide [하이드] 숨다   worry [워뤼] 걱정하다   take medicine [테이크 메디쓴] 약을 먹다

우리말만 보고 영어로 **자동발사** 해 보세요.

🎧 MP3를 들으며 자동발사가 되는지 확인해 보세요.

| 그는 ~하지 않아도 돼 | **He doesn't have to** |

내가 저녁 준비 다 했어.
그는 요리하지 않아도 돼.   📢 He doesn't have to cook.

아무 잘못 없으니
그는 숨지 않아도 돼.   📢

아직 안 늦었어.
그는 뛰지 않아도 돼.   📢

내가 함께할 테니
그는 걱정하지 않아도 돼.   📢

당장 쓸 건 아니니까
그는 그걸 고치지 않아도 돼.   📢

증상이 심하지 않아서
그는 약을 먹지 않아도 돼.   📢

내가 세차했으니까
그는 그 차를 닦지 않아도 돼.   📢

영어 문장을 따라하며 에코잉 해 보세요.

 MP3를 들으며 메아리처럼 에코잉 해 보세요.

We don't have to ~   우리는 ~하지 않아도 돼

☺ 짜장면 시켜서 '우리는 요리하지 않아도 돼.'
We don't have to cook.   우리는 요리하지 않아도 돼.

☺ 게임이 끝났으니 더 이상 '우리는 숨지 않아도 돼.'
We don't have to hide.   우리는 숨지 않아도 돼.

☺ 시간은 충분해. '우리는 뛰지 않아도 돼.'
We don't have to run.   우리는 뛰지 않아도 돼.

☺ 다 알아서 할 거니까 '우리는 걱정하지 않아도 돼.'
We don't have to worry.   우리는 걱정하지 않아도 돼.

☺ 사람 불렀어. '우리는 그걸 고치지 않아도 돼.'
We don't have to fix it.   우리는 그걸 고치지 않아도 돼.

☺ 의사가 그랬으니 이제 '우리는 약을 먹지 않아도 돼.'
We don't have to take medicine.   우리는 약을 먹지 않아도 돼.

☺ 오늘 비 온대. '우리는 그 차를 닦지 않아도 돼.'
We don't have to wash the car.   우리는 그 차를 닦지 않아도 돼.

hide [하이드] 숨다   worry [워리] 걱정하다   take medicine [테이크 메디쓴] 약을 먹다

우리말만 보고 영어로 **자동발사** 해 보세요.

MP3를 들으며 자동발사가 되는지 확인해 보세요.

| 우리는 ~하지 않아도 돼 | **We don't have to ~** |

짜장면 시켜서
우리는 요리하지 않아도 돼.   We don't have to cook.

게임이 끝났으니 더 이상
우리는 숨지 않아도 돼.

시간은 충분해.
우리는 뛰지 않아도 돼.

다 알아서 할 거니까
우리는 걱정하지 않아도 돼.

사람 불렀어.
우리는 그걸 고치지 않아도 돼.

의사가 그랬으니 이제
우리는 약을 먹지 않아도 돼.

오늘 비 온대.
우리는 그 차를 닦지 않아도 돼.

일상에서 쓰는 진짜 영어, 쉬운 영어!

12월 3일

슬기
오늘 감기약 꼭 사 먹어야 돼!
자기 어제 보니 기침 많이 하더라

 동원
괜찮다니까~

주사 맞았으니까
I don't have to take medicine.
나는 약 먹지 않아도 돼.

슬기
그건 예방 접종이잖아 -_-+

 동원
그게 그거지 뭐~

   보내기

DAY 22

내가 이걸 먹어야만 하니?
Do I have to eat this?   내가 ~해야만 하니?

> 도대체 뭘 넣고 만든 거야~
> 사람이 먹어도 되는 거 맞아?
> 진지하게 묻고 싶다.
> 내가 이걸 먹어야만 하니?
> **Do I have to eat this?**

이렇게 말해요!

'이걸 먹어'는 eat this, '내가 이걸 먹어야만 하니?'는 그 앞에 Do I have to를 붙이면 돼요.

- **내가** 이걸 먹**어야만 하니**?   **Do I have to** eat this?

영어 문장을 따라하며 에코잉 해 보세요.

 MP3를 들으며 메아리처럼 에코잉 해 보세요.

Do I have to ~?　　내가 ~해야만 하니?

😊 뭘 선택할지 '내가 결정해야만 하니?'
Do I have to decide?　　내가 결정해야만 하니?

영어 문장이 실제로 쓰이는 상황을 같이 보면 더 기억하기 쉬워요!

😊 이미 다 아는데, '내가 설명해야만 하니?'
Do I have to explain?　　내가 설명해야만 하니?

☹️ 지금 당장 '내가 떠나야만 하니?'
Do I have to leave?　　내가 떠나야만 하니?

😊 다 맘에 들어. '내가 하나를 선택해야만 하니?'
Do I have to choose one?　　내가 하나를 선택해야만 하니?

☹️ 집 나가면 고생인데, '내가 야영을 가야만 하니?'
Do I have to go camping?　　내가 야영을 가야만 하니?

😊 요즘 좀 찌긴 했지만, '내가 살을 빼야만 하니?'
Do I have to lose weight?　　내가 살을 빼야만 하니?

😊 안 추울 것 같은데, '내가 재킷을 입어야만 하니?'
Do I have to wear a jacket?　　내가 재킷을 입어야만 하니?

explain [익스플레인] 설명하다　　**lose weight** [루즈 웨이트] 살을 빼다

우리말만 보고 영어로 **자동발사** 해 보세요.

🎧 MP3를 들으며 자동발사가 되는지 확인해 보세요.

내가 ~해야만 하니? Do I have to ~?

뭘 선택할지
내가 결정해야만 하니? — Do I have to decide?

이미 다 아는데,
내가 설명해야만 하니?

지금 당장
내가 떠나야만 하니?

다 맘에 들어.
내가 하나를 선택해야만 하니?

집 나가면 고생인데,
내가 야영을 가야만 하니?

요즘 좀 찌긴 했지만,
내가 살을 빼야만 하니?

안 추울 것 같은데,
내가 재킷을 입어야만 하니?

영어 문장을 **따라하며** 에코잉 해 보세요.

🎧 MP3를 들으며 메아리처럼 에코잉 해 보세요.

Do you have to ~?   네가 ~해야만 하니?

☺ 이런 것까지 '네가 결정해야만 하니?'
Do you have to decide?   네가 결정해야만 하니?

😐 책임자도 아니잖아. '네가 설명해야만 하니?'
Do you have to explain?   네가 설명해야만 하니?

☹ 꼭 '네가 떠나야만 하니?'
Do you have to leave?   네가 떠나야만 하니?

☺ 둘 다 사면 안 돼? '네가 하나를 선택해야만 하니?'
Do you have to choose one?   네가 하나를 선택해야만 하니?

☹ 비가 온다던데 '네가 야영을 가야만 하니?'
Do you have to go camping?   네가 야영을 가야만 하니?

☺ 딱 보기 좋아. '네가 살을 빼야만 하니?'
Do you have to lose weight?   네가 살을 빼야만 하니?

☺ 중요한 행사도 아닌데, '네가 재킷을 입어야만 하니?'
Do you have to wear a jacket?   네가 재킷을 입어야만 하니?

explain [익스플레인] 설명하다   **lose weight** [루즈 웨이트] 살을 빼다

우리말만 보고 영어로 **자동발사** 해 보세요.

MP3를 들으며 자동발사가 되는지 확인해 보세요.

네가 ~해야만 하니? — **Do you have to ~?**

이런 것까지
네가 결정해야만 하니? — Do you have to decide?

책임자도 아니잖아.
네가 설명해야만 하니?

꼭
네가 떠나야만 하니?

둘 다 사면 안 돼?
네가 하나를 선택해야만 하니?

비가 온다던데
네가 야영을 가야만 하니?

딱 보기 좋아.
네가 살을 빼야만 하니?

중요한 행사도 아닌데,
네가 재킷을 입어야만 하니?

영어 문장을 따라하며 에코잉 해 보세요.

 MP3를 들으며 메아리처럼 에코잉 해 보세요.

Does 유나 have to ~?
유나가 ~해야만 하니?

😐 꼭 오늘 안에 '유나가 결정해야만 하니?'
Does 유나 have to decide?   유나가 결정해야만 하니?

☹️ 처음부터 끝까지 '유나가 설명해야만 하니?'
Does 유나 have to explain?   유나가 설명해야만 하니?

🙂 더 있다 가면 안 된대? '유나가 떠나야만 하니?'
Does 유나 have to leave?   유나가 떠나야만 하니?

🙂 이 중에서 '유나가 하나를 선택해야만 하니?'
Does 유나 have to choose one?   유나가 하나를 선택해야만 하니?

☹️ 피곤할 텐데 '유나가 야영을 가야만 하니?'
Does 유나 have to go camping?   유나가 야영을 가야만 하니?

😐 표준 체중으로 보여. '유나가 살을 빼야만 하니?'
Does 유나 have to lose weight?   유나가 살을 빼야만 하니?

🙂 결혼식 가는 거면 '유나가 재킷을 입어야만 하니?'
Does 유나 have to wear a jacket?   유나가 재킷을 입어야만 하니?

explain [익스플레인] 설명하다   lose weight [루즈 웨이트] 살을 빼다

우리말만 보고 영어로 **자동발사** 해 보세요.

🎧 MP3를 들으며 자동발사가 되는지 확인해 보세요.

유나가 ~해야만 하니? → **Does 유나 have to ~?**

꼭 오늘 안에
유나가 결정해야만 하니? → Does 유나 have to decide?

처음부터 끝까지
유나가 설명해야만 하니?

더 있다 가면 안 된대?
유나가 떠나야만 하니?

이 중에서
유나가 하나를 선택해야만 하니?

피곤할 텐데
유나가 야영을 가야만 하니?

표준 체중으로 보여.
유나가 살을 빼야만 하니?

결혼식 가는 거면
유나가 재킷을 입어야만 하니?

일상에서 쓰는 진짜 영어, 쉬운 영어!

4월 14일

다정
갈비찜, 돈까스, 샤브샤브
이 중에서 하나만 골라봐

 민성
다 마음에 드는데
Do I have to choose one?
내가 하나를 선택해야만 해?

왜~ 오늘 저녁에 나 맛있는 거 사주는 거야?

다정
아니, 내 점심 메뉴ㅋㅋ
뭐 먹을까 고민이어서

 민성

 　　　　　　　　　　　　　보내기

DAY 23

나는 엄마야.
I'm a mother.

나는 (누구)야/(어떠)해

힘들고 지치지만
날 보고 방긋 웃는 그 웃음에
온 세상을 다 가진 듯해.
아직은 초보지만 그래도
나는 엄마야.
I'm a mother.

이렇게 말해요!

'엄마'는 a mother, '나는 엄마야'는 그 앞에 **I'm**을 붙이면 돼요. 마찬가지로 '똑똑한'은 smart, '나는 똑똑해'는 그 앞에 **I'm**을 붙이면 돼요.

- 나는 엄마야.   **I'm** a mother.
- 나는 똑똑해.   **I'm** smart.

★ I'm은 I am의 줄임말이고, 말할 때는 I'm을 많이 써요.

따라하며 톡!

영어 문장을 **따라하며** 에코잉 해 보세요.

🎧 MP3를 들으며 메아리처럼 에코잉 해 보세요.

I'm ~   나는 (누구)야

😊 꿈 많은 '나는 학생이야.'   〔영어 문장이 실제로 쓰이는 상황을 같이 보면 더 기억하기 쉬워요!〕
I'm a student.   나는 학생이야.

😊 운전은 자신 있어. '나는 택시 기사야.'
I'm a taxi driver.   나는 택시 기사야.

😊 백의의 천사! '나는 간호사야.'
I'm a nurse.   나는 간호사야.

😊 여행하러 왔어. '나는 관광객이야.'
I'm a tourist.   나는 관광객이야.

😊 수학을 가르쳐. '나는 선생님이야.'
I'm a teacher.   나는 선생님이야.

😊 노래방 가면 100점 나와. '나는 가수야.'
I'm a singer.   나는 가수야.

😊 내가 알아서 할게. '나는 어른이야.'
I'm an adult.   나는 어른이야.

tourist [투어뤼스트] 관광객   adult [어덜트] 어른

우리말만 보고 영어로 **자동발사** 해 보세요.

🎧 MP3를 들으며 자동발사가 되는지 확인해 보세요.

| 나는 (누구)야 | **I'm ~** |

꿈 많은
나는 학생이야.   📢 I'm a student.

운전은 자신 있어.
나는 택시 기사야.   📢

백의의 천사!
나는 간호사야.   📢

여행하러 왔어.
나는 관광객이야.   📢

수학을 가르쳐.
나는 선생님이야.   📢

노래방 가면 100점 나와.
나는 가수야.   📢

내가 알아서 할게.
나는 어른이야.   📢

영어 문장을 **따라하며 에코잉** 해 보세요.

🎧 MP3를 들으며 메아리처럼 에코잉 해 보세요.

I'm ~   나는 (어떠)해

☺ 책을 많이 읽어서 '나는 똑똑해.'
I'm smart.   나는 똑똑해.

☺ 맛있는 걸 먹을 때 '나는 행복해.'
I'm happy.   나는 행복해.

☺ 누가 뭐라 해도 '나는 아름다워.'
I'm beautiful.   나는 아름다워.

😐 웃지 마. '나는 진지해.'
I'm serious.   나는 진지해.

😩 어제 잠을 설쳤더니 '나는 졸려.'
I'm sleepy.   나는 졸려.

☺ 이 정도는 거뜬하지! '나는 힘이 세.'
I'm strong.   나는 힘이 세.

☺ 걱정 마. '나는 괜찮아.'
I'm fine.   나는 괜찮아.

serious [씨리어스] 진지한

우리말만 보고 영어로 **자동발사** 해 보세요.

🎧 MP3를 들으며 자동발사가 되는지 확인해 보세요.

나는 (어떠)해   I'm ~

책을 많이 읽어서
나는 똑똑해.   📣 I'm smart.

맛있는 걸 먹을 때
나는 행복해.   📣

누가 뭐라 해도
나는 아름다워.   📣

웃지 마.
나는 진지해.   📣

어제 잠을 설쳤더니
나는 졸려.   📣

이 정도는 거뜬하지!
나는 힘이 세.   📣

걱정 마.
나는 괜찮아.   📣

일상에서 쓰는 진짜 영어, 쉬운 영어!

12월 3일

수호
방수 진짜 잘 된대서 산 시계 있잖아
그날 바로 물 들어가갔어

 수민
헐.. 대박

수호
근데 그때부터 방수가 되는지 물이 안 빠져

 수민
ㅋㅋㅋㅋㅋㅋㅋㅋㅋㅋㅋㅋㅋ

수호
웃지 마
I'm serious. 난 진지해.

  　　　　　　　　　　　　보내기

나는 모델이 아니야.
I'm not a model.

나는 (누구)가 아니야/(어떠)하지 않아

살 빼라는 말 좀 그만해.
먹고 싶은 거 다~~ 먹고 살 거야.
날씬해야 할 필요도 없어.
나는 모델이 아니야.
I'm not a model.

이렇게 말해요!

'모델'은 a model, '나는 모델이 아니야'는 그 앞에 **I'm not**을 붙이면 돼요. 마찬가지로 '배부른'은 full, '나는 배부르지 않아'는 그 앞에 **I'm not**을 붙이면 돼요.

- 나는 모델이 아니야. **I'm not** a model.
- 나는 배부르지 않아. **I'm not** full.

영어 문장을 **따라하며** 에코잉 해 보세요.

🎧 MP3를 들으며 메아리처럼 에코잉 해 보세요.

I'm not ~ 나는 (누구)가 아니야

😐 나는 잘 몰라. '나는 의사가 아니야.'   *영어 문장이 실제로 쓰이는 상황을 같이 보면 더 기억하기 쉬워요!*
I'm not a doctor. 나는 의사가 아니야.

😊 그 연예인은 관심 없어. '나는 팬이 아니야.'
I'm not a fan. 나는 팬이 아니야.

🙂 너무 기대하진 마. '나는 예술가가 아니야.'
I'm not an artist. 나는 예술가가 아니야.

🙂 아직 가입 안 했어. '나는 회원이 아니야.'
I'm not a member. 나는 회원이 아니야.

☹️ 그걸 어떻게 따라 해! '나는 댄서가 아니야.'
I'm not a dancer. 나는 댄서가 아니야.

😐 일일이 다 알려줄 순 없어. '나는 네 선생님이 아니야.'
I'm not your teacher. 나는 네 선생님이 아니야.

🙂 우린 친구야. '나는 너의 적이 아니야.'
I'm not your enemy. 나는 너의 적이 아니야.

enemy [에너미] 적

자동발사 톡!

우리말만 보고 영어로 **자동발사** 해 보세요.

🎧 MP3를 들으며 자동발사가 되는지 확인해 보세요.

나는 (누구)가 아니야   I'm not ~

나는 잘 몰라.
나는 의사가 아니야.   📢 I'm not a doctor.

그 연예인은 관심 없어.
나는 팬이 아니야.   📢

너무 기대하진 마.
나는 예술가가 아니야.   📢

아직 가입 안 했어.
나는 회원이 아니야.   📢

그걸 어떻게 따라 해!
나는 댄서가 아니야.   📢

일일이 다 알려줄 순 없어.
나는 네 선생님이 아니야.   📢

우리 친구야.
나는 너의 적이 아니야.   📢

영어 문장을 **따라하며** 에코잉 해 보세요.

I'm not ~ 나는 (어떠)하지 않아

☺ 더 먹을 수 있어. '나는 배부르지 않아.'
I'm not full.   나는 배부르지 않아.

☹ 그 비싼 걸 어떻게 사? '나는 부유하지 않아.'
I'm not rich.   나는 부유하지 않아.

☺ 이번 주부터 '나는 바쁘지 않아.'
I'm not busy.   나는 바쁘지 않아.

☺ 너만 내 옆에 있으면 '나는 두렵지 않아.'
I'm not afraid.   나는 두렵지 않아.

☺ 친구가 많아서 '나는 외롭지 않아.'
I'm not lonely.   나는 외롭지 않아.

☺ 처음 보는 사람 앞에서도 '나는 수줍어하지 않아.'
I'm not shy.   나는 수줍어하지 않아.

😐 그게 성공할 거라고 '나는 확신하지 않아.'
I'm not sure.   나는 확신하지 않아.

afraid [어프뤠이드] 두려워 하는   **shy** [샤이] 수줍어 하는   **sure** [슈어] 확신하는

우리말만 보고 영어로 **자동발사** 해 보세요.

🎧 MP3를 들으며 자동발사가 되는지 확인해 보세요.

| 나는 (어떠)하지 않아 | **I'm not~** |

더 먹을 수 있어.
나는 배부르지 않아. 📢 I'm not full.

그 비싼 걸 어떻게 사?
나는 부유하지 않아. 📢

이번 주부터
나는 바쁘지 않아. 📢

너만 내 옆에 있으면
나는 두렵지 않아. 📢

친구가 많아서
나는 외롭지 않아. 📢

처음 보는 사람 앞에서도
나는 수줍어하지 않아. 📢

그게 성공할 거라고
나는 확신하지 않아. 📢

일상에서 쓰는 진짜 영어, 쉬운 영어!

1월 24일

수민
형, 올 때 피자 사와~

 수호
너 저녁 뷔페 먹지 않았어?

수민
그렇긴 한데...

더 먹을 수 있어
I'm not full. 나는 배부르지 않아.

 수호
내 동생이지만 넌 좀 대단한 듯...

수민

보내기

DAY 25

너는 학생이야.
You're a student.

너는 (누구)야/(어떠)해

잠깐~
이거 내가 계산할게.
니가 돈이 어디 있니?
부담 갖지 마.
너는 학생이야.
You're a student.

이렇게 말해요!

'학생'은 a student, '너는 학생이야'는 그 앞에 You're을 붙이면 돼요. 마찬가지로 '특별한'은 special, '너는 특별해'는 그 앞에 You're을 붙이면 돼요.

- 너는 학생이야.   **You're** a student.
- 너는 특별해.   **You're** special.

★ You're은 You are의 줄임말이고, 말할 때는 You're을 많이 써요.

영어 문장을 **따라하며 에코잉** 해 보세요.

🎧 MP3를 들으며 메아리처럼 에코잉 해 보세요.

You're ~ 　　　　　　　　　　　　　　　너는 (누구)야

☺ 마음 단단히 먹어. '너는 아빠야.'　　영어 문장이 실제로 쓰이는 상황을 같이 보면 더 기억하기 쉬워요!

You're a father.　　　　　　　　　　　　　　　너는 아빠야.

☺ 나이가 들어도 부모님한테 '너는 애야.'

You're a child.　　　　　　　　　　　　　　　너는 애야.

☺ 환자의 건강을 첫째로 생각해. '너는 의사야.'

You're a doctor.　　　　　　　　　　　　　　너는 의사야.

☺ 모범을 보여줘. '너는 리더야.'

You're a leader.　　　　　　　　　　　　　　너는 리더야.

☺ 논리적으로 생각해. '너는 과학자야.'

You're a scientist.　　　　　　　　　　　　　너는 과학자야.

☺ 덕분에 살았어! '너는 나의 영웅이야.'

You're my hero.　　　　　　　　　　　　　　너는 나의 영웅이야.

☺ 가서 도와줘. '너는 그의 친구야.'

You're his friend.　　　　　　　　　　　　　너는 그의 친구야.

scientist [싸이언티스트] 과학자　　**hero** [히어로] 영웅

우리말만 보고 영어로 **자동발사** 해 보세요.

🎧 MP3를 들으며 자동발사가 되는지 확인해 보세요.

너는 (누구)야   You're ~

마음 단단히 먹어.
너는 아빠야.
📢 You're a father.

나이가 들어도 부모님한테
너는 애야.
📢

환자의 건강을 첫째로 생각해.
너는 의사야.
📢

모범을 보여줘.
너는 리더야.
📢

논리적으로 생각해.
너는 과학자야.
📢

덕분에 살았어!
너는 나의 영웅이야.
📢

가서 도와줘.
너는 그의 친구야.
📢

영어 문장을 **따라하며 에코잉** 해 보세요.

🎧 MP3를 들으며 메아리처럼 에코잉 해 보세요.

You're ~ 너는 (어떠)해

☺ 나에게 '너는 특별해.'
You're special. 너는 특별해.

☺ 생각보다 '너는 키가 커.'
You're tall. 너는 키가 커.

☺ 다른 사람들보다 '너는 빨라.'
You're fast. 너는 빨라.

☺ 개그맨이 따로 없네. '너는 웃겨.'
You're funny. 너는 웃겨.

☺ 안심해. '너는 안전해.'
You're safe. 너는 안전해.

☺ 다들 시끄러워도 '너는 조용해.'
You're quiet. 너는 조용해.

☺ 아직 포기하긴 일러! '너는 젊어.'
You're young. 너는 젊어.

special [스페셜] 특별한   **quiet** [콰이어트] 조용한

자동발사 톡!

우리말만 보고 영어로 **자동발사** 해 보세요.

MP3를 들으며 자동발사가 되는지 확인해 보세요.

| 너는 (어떠)해 | You're ~ |

나에게
너는 특별해.   📢 You're special.

생각보다
너는 키가 커.   📢

다른 사람들보다
너는 빨라.   📢

개그맨이 따로 없네.
너는 웃겨.   📢

안심해.
너는 안전해.   📢

다들 시끄러워도
너는 조용해.   📢

아직 포기하긴 일러!
너는 젊어.   📢

일상에서 쓰는 진짜 영어, 쉬운 영어!

1월 30일

 언니
나 이번에 새로 들어간 회사에서 완전 맘에 드는 남자 찾았다~

동생
오오!! 그래서 말은 걸어봤어?

 언니
근데 사실은... 걔가 미국인이야 ㅜㅜ

동생
헐...

 언니
완전 내 이상형이라고,
'You are.. ideal style?'
뭐 이렇게 말해볼까?

동생
그렇게 말하면 그 남자가 뭔 소린가 할걸?

You're my type. 너는 내 이상형이야.

요렇게 말해보면 어쩌면 잘 될지도..? ㅎ

보내기

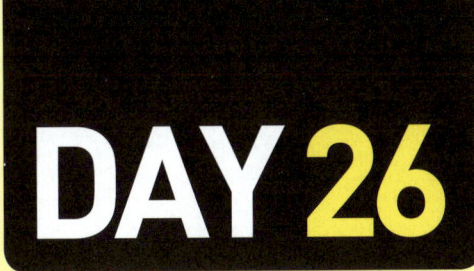

DAY 26

너는 슈퍼맨이 아니야.
You're not Superman.   너는 (누구)가 아니야/(어떠)하지 않아

오늘도 열심히 일하는 대한민국 직장인들 화이팅! 한 박자 잠시 쉬었다 가도 괜찮아! 너는 슈퍼맨이 아니야. **You're not Superman.**

이렇게 말해요!

'슈퍼맨'은 Superman, '너는 슈퍼맨이 아니야'는 그 앞에 **You're not**을 붙이면 돼요. 마찬가지로 '약한'은 weak, '너는 약하지 않아'는 그 앞에 **You're not**을 붙이면 돼요.

- 너는 슈퍼맨이 아니야.   **You're not** Superman.
- 너는 약하지 않아.   **You're not** weak.

영어 문장을 **따라하며** 에코잉 해 보세요.

MP3를 들으며 메아리처럼 에코잉 해 보세요.

You're not ~ 너는 (누구)가 아니야

🙂 나는 믿어. '너는 거짓말쟁이가 아니야.'

영어 문장이 실제로 쓰이는 상황을 같이 보면 더 기억하기 쉬워요!

You're not a liar. 너는 거짓말쟁이가 아니야.

🙂 잊지 마. '너는 패배자가 아니야.'

You're not a loser. 너는 패배자가 아니야.

☹️ 술 마시면 안 돼! '너는 어른이 아니야.'

You're not an adult. 너는 어른이 아니야.

🙂 아직. '너는 부모가 아니야.'

You're not a parent. 너는 부모가 아니야.

☹️ 미안하지만. '너는 내 타입이 아니야.'

You're not my type. 너는 내 타입이 아니야.

🙂 완벽한 공연을 바라진 않아. '너는 음악가가 아니야.'

You're not a musician. 너는 음악가가 아니야.

🙂 영어 못한다고 주눅 들지 마. '너는 미국인이 아니야.'

You're not an American. 너는 미국인이 아니야.

---

liar [라이어] 거짓말쟁이   **parent** [페어런트] 부모

우리말만 보고 영어로 **자동발사** 해 보세요.

🎧 MP3를 들으며 자동발사가 되는지 확인해 보세요.

너는 (누구)가 아니야 — You're not ~

나는 믿어.
너는 거짓말쟁이가 아니야.   You're not a liar.

잊지 마.
너는 패배자가 아니야.

술 마시면 안 돼!
너는 어른이 아니야.

아직
너는 부모가 아니야.

미안하지만
너는 내 타입이 아니야.

완벽한 공연을 바라진 않아.
너는 음악가가 아니야.

영어 못한다고 주눅 들지 마.
너는 미국인이 아니야.

영어 문장을 **따라하며** 에코잉 해 보세요.

🎧 MP3를 들으며 메아리처럼 에코잉 해 보세요.

You're not ~

너는 (어떠)하지 않아

☺ 좀 더 힘을 내. '너는 약하지 않아.'
You're not weak.   너는 약하지 않아.

☺ 군대 얘기만 안 꺼내면 '너는 지루하지 않아.'
You're not boring.   너는 지루하지 않아.

☺ 다들 바쁜데, '너는 바쁘지 않아.'
You're not busy.   너는 바쁘지 않아.

☺ 세 끼 다 잘 먹으니 '너는 가난하지 않아.'
You're not poor.   너는 가난하지 않아.

☺ 연예인도 아니잖아. '너는 유명하지 않아.'
You're not famous.   너는 유명하지 않아.

☺ 이제 무리하면 안 돼. '너는 젊지 않아.'
You're not young.   너는 젊지 않아.

☺ 다 끝낼 수 있어. '너는 느리지 않아.'
You're not slow.   너는 느리지 않아.

boring [보링] 지루한   **famous** [페이머스] 유명한

우리말만 보고 영어로 **자동발사** 해 보세요.

MP3를 들으며 자동발사가 되는지 확인해 보세요.

| 너는 (어떠)하지 않아 | **You're not ~** |

좀 더 힘을 내.
너는 약하지 않아. You're not weak.

군대 얘기만 안 꺼내면
너는 지루하지 않아.

다들 바쁜데,
너는 바쁘지 않아.

세 끼 다 잘 먹으니
너는 가난하지 않아.

연예인도 아니잖아.
너는 유명하지 않아.

이제 무리하면 안 돼.
너는 젊지 않아.

다 끝낼 수 있어.
너는 느리지 않아.

일상에서 쓰는 진짜 영어, 쉬운 영어!

2월 4일

현정
이번 휴가 때 미국 가는데 나 영어 어떡하지...?

완전 걱정돼...ㅠㅠ

 성훈
영어 못한다고 주눅 들지 마
You're not an American.
너는 미국인이 아니야.

현정
응...ㅠㅠ

 성훈
힘내!!!

DAY 27

너는 의사니?
Are you a doctor?

너는 (누구)니? / (어떠)하니?

이렇게 말해요!

'의사'는 a doctor, '너는 의사니?'는 그 앞에 Are you를 붙이면 돼요. 마찬가지로 '추운'은 cold, '너는 춥니?'는 그 앞에 Are you를 붙이면 돼요.

- 너는 의사니?   Are you a doctor?
- 너는 춥니?   Are you cold?

영어 문장을 **따라하며** 에코잉 해 보세요.

 MP3를 들으며 메아리처럼 에코잉 해 보세요.

Are you ~?   너는 (누구)니?

☺ 휴가 나온 거라고? '너는 군인이니?'

Are you a soldier?   너는 군인이니?

> 영어 문장이 실제로 쓰이는 상황을
> 같이 보면 더 기억하기 쉬워요!

☺ 벌써 승진했어? '너는 매니저니?'

Are you a manager?   너는 매니저니?

☺ 회사 그만두면 이제 '너는 전업주부니?'

Are you a homemaker?   너는 전업주부니?

☺ 연주가 정말 근사하네. '너는 피아니스트니?'

Are you a pianist?   너는 피아니스트니?

☺ 일찍 일어나네. '너는 아침형 인간이니?'

Are you a morning person?   너는 아침형 인간이니?

☺ 영어 전공이면 '너는 영어 선생님이니?'

Are you an English teacher?   너는 영어 선생님이니?

☺ 화장 직접 한 거야? '너는 메이크업 아티스트니?'

Are you a make-up artist?   너는 메이크업 아티스트니?

soldier [쏠져] 군인   **homemaker** [홈메이커] 전업주부

우리말만 보고 영어로 **자동발사** 해 보세요.

MP3를 들으며 자동발사가 되는지 확인해 보세요.

너는 (누구)니?   Are you ~?

휴가 나온 거라고?
너는 군인이니?   Are you a soldier?

벌써 승진했어?
너는 매니저니?

회사 그만두면 이제
너는 전업주부니?

연주가 정말 근사하네.
너는 피아니스트니?

일찍 일어나네.
너는 아침형 인간이니?

영어 전공이면
너는 영어 선생님이니?

화장 직접 한 거야?
너는 메이크업 아티스트니?

따라하며 톡!

영어 문장을 **따라하며** 에코잉 해 보세요.

🎧 MP3를 들으며 메아리처럼 에코잉 해 보세요.

Are you ~? 너는 (어떠)하니?

😊 창문 닫아 줄까? '너는 춥니?'
Are you cold? 너는 춥니?

😊 주말에 뭐해? '너는 한가하니?'
Are you free? 너는 한가하니?

☹ 안 다쳤어? '너는 괜찮니?'
Are you okay? 너는 괜찮니?

😊 아직 밥이 덜 됐는데, '너는 배고프니?'
Are you hungry? 너는 배고프니?

☹ 눈이 빨개. '너는 피곤하니?'
Are you tired? 너는 피곤하니?

😊 요즘 어떻게 지내? '너는 행복하니?'
Are you happy? 너는 행복하니?

😊 왜 뛰어? '너는 늦었니?'
Are you late? 너는 늦었니?

free [프뤼] 한가한   **tired** [타이어드] 피곤한

우리말만 보고 영어로 **자동발사** 해 보세요.

MP3를 들으며 자동발사가 되는지 확인해 보세요.

너는 (어떠)하니? Are you ~?

창문 닫아 줄까?
너는 춥니?   Are you cold?

주말에 뭐해?
너는 한가하니?

안 다쳤어?
너는 괜찮니?

아직 밥이 덜 됐는데,
너는 배고프니?

눈이 빨개.
너는 피곤하니?

요즘 어떻게 지내?
너는 행복하니?

왜 뛰어?
너는 늦었니?

일상에서 쓰는 진짜 영어, 쉬운 영어!

3월 4일

 여보
우리 저녁 언제 먹어?

당신
7시쯤?

 여보
그 전에는 안돼?ㅠㅠ

당신
좀만 더 기다려봐~

아직 밥이 덜 됐는데
Are you hungry? 당신 배고파?

 여보
응...

    보내기

DAY 28

그는 친구야.
He's a friend.

그는 (누구)야 / (어떠)해

어려울 때 친구가 진짜 친구래.
내가 정말 어려웠을 때…
내 옆에 있어 주었던 고마운 녀석.
그는 친구야.
He's a friend.

이렇게 말해요!

'친구'는 a friend, '그는 친구야'는 그 앞에 **He's**를 붙이면 돼요. 마찬가지로 '친절한'은 kind, '그는 친절해'는 그 앞에 **He's**를 붙이면 돼요.

- 그는 친구야.   **He's** a friend.
- 그는 친절해.   **He's** kind.

★ He's는 He is의 줄임말이고, 말할 때는 He's를 많이 써요.

영어 문장을 **따라하며** 에코잉 해 보세요.

🎧 MP3를 들으며 메아리처럼 에코잉 해 보세요.

He's ~ 　　　　　　　　　　　　　　　　　　　그는 (누구)야

😊 자문 부탁해 봐. '그는 변호사야.'　　〔영어 문장이 실제로 쓰이는 상황을 같이 보면 더 기억하기 쉬워요!〕

He's a lawyer.　　　　　　　　　　　　　　　　　　　그는 변호사야.

😊 글을 진짜 잘 써. '그는 작가야.'

He's a writer.　　　　　　　　　　　　　　　　　　　그는 작가야.

😊 대학에서 학생들을 가르쳐. '그는 교수야.'

He's a professor.　　　　　　　　　　　　　　　　　그는 교수야.

😊 항공대 졸업했어. '그는 조종사야.'

He's a pilot.　　　　　　　　　　　　　　　　　　　그는 조종사야.

😊 한국인처럼 생겼지만 '그는 외국인이야.'

He's a foreigner.　　　　　　　　　　　　　　　　　그는 외국인이야.

😊 아빠가 아니라, '그는 내 삼촌이야.'

He's my uncle.　　　　　　　　　　　　　　　　　　그는 내 삼촌이야.

😊 매일 싸우기는 해도 '그는 내 남동생이야.'

He's my brother.　　　　　　　　　　　　　　　　　그는 내 남동생이야.

lawyer [로이여] 변호사　　**professor** [프로풰써] 교수　　**foreigner** [포뤼너] 외국인

우리말만 보고 영어로 **자동발사** 해 보세요.

🎧 MP3를 들으며 자동발사가 되는지 확인해 보세요.

| 그는 (누구)야 | He's ~ |

자문 부탁해 봐.
그는 변호사야. 📢 He's a lawyer.

글을 진짜 잘 써.
그는 작가야. 📢

대학에서 학생들을 가르쳐.
그는 교수야. 📢

항공대 졸업했어.
그는 조종사야. 📢

한국인처럼 생겼지만
그는 외국인이야. 📢

아빠가 아니라,
그는 내 삼촌이야. 📢

매일 싸우기는 해도
그는 내 남동생이야. 📢

영어 문장을 **따라하며** 에코잉 해 보세요.

🎧 MP3를 들으며 메아리처럼 에코잉 해 보세요.

She's ~ 　　　　　　　　　　　　　그녀는 (어떠)해

☺ 누구에게나 '그녀는 친절해.'
She's kind. 　　　　　　　　　　　　　　　그녀는 친절해.

☺ 모두가 그녀를 좋아해. '그녀는 인기가 많아.'
She's popular. 　　　　　　　　　　　　　그녀는 인기가 많아.

☺ 경품에 당첨됐대. '그녀는 운이 좋아.'
She's lucky. 　　　　　　　　　　　　　　그녀는 운이 좋아.

☺ 결정을 내릴 때 '그녀는 신중해.'
She's careful. 　　　　　　　　　　　　　그녀는 신중해.

☺ 내 친구라 잘 알아. '그녀는 정직해.'
She's honest. 　　　　　　　　　　　　　그녀는 정직해.

☺ 체력이 약한데도 '그녀는 활발해.'
She's active. 　　　　　　　　　　　　　　그녀는 활발해.

☺ 보면 볼수록 '그녀는 예뻐.'
She's pretty. 　　　　　　　　　　　　　　그녀는 예뻐.

careful [케어풀] 신중한　　**honest** [어니스트] 정직한

우리말만 보고 영어로 **자동발사** 해 보세요.

🎧 MP3를 들으며 자동발사가 되는지 확인해 보세요.

그녀는 (어떠)해   She's ~

누구에게나
그녀는 친절해.   📣 She's kind.

모두가 그녀를 좋아해.
그녀는 인기가 많아.   📣

경품에 당첨됐대.
그녀는 운이 좋아.   📣

결정을 내릴 때
그녀는 신중해.   📣

내 친구라 잘 알아.
그녀는 정직해.   📣

체력이 약한데도
그녀는 활발해.   📣

보면 볼수록
그녀는 예뻐.   📣

영어 문장을 **따라하며** 에코잉 해 보세요.

MP3를 들으며 메아리처럼 에코잉 해 보세요.

Dad is ~   아빠는 (누구)야/(어떠)해

😊 법률사무소에 계셔. '아빠는 변호사야.'
Dad is a lawyer.   아빠는 변호사야.

😊 책도 쓰셨어. '아빠는 작가야.'
Dad is a writer.   아빠는 작가야.

😊 공부를 엄청 잘 하셨대. '아빠는 교수야.'
Dad is a professor.   아빠는 교수야.

😊 동네에 소문이 자자해. '아빠는 친절해.'
Dad is kind.   아빠는 친절해.

😊 친구들 사이에서 '아빠는 인기가 많아.'
Dad is popular.   아빠는 인기가 많아.

😊 엄마 같은 여자가 어딨어? '아빠는 운이 좋아.'
Dad is lucky.   아빠는 운이 좋아.

😊 매사에 '아빠는 신중해.'
Dad is careful.   아빠는 신중해.

lawyer [로이어] 변호사   **professor** [프로풰써] 교수   **careful** [케어풀] 신중한

우리말만 보고 영어로 **자동발사** 해 보세요.

MP3를 들으며 자동발사가 되는지 확인해 보세요.

아빠는 (누구)야 / (어떠)해   Dad is ~

법률사무소에 계셔.
아빠는 변호사야.   📢 Dad is a lawyer.

책도 쓰셨어.
아빠는 작가야.

공부를 엄청 잘 하셨대.
아빠는 교수야.

동네에 소문이 자자해.
아빠는 친절해.

친구들 사이에서
아빠는 인기가 많아.

엄마 같은 여자가 어딨어?
아빠는 운이 좋아.

매사에
아빠는 신중해.

일상에서 쓰는 진짜 영어, 쉬운 영어!

4월 5일

 태영
있잖아...

아무래도... 현정이가 나 좋아하나 봐

성훈
왜? 고백 받았어??

 태영
저번에 쌍쌍바 나눠 먹는데 나한테 큰 쪽을 줬어...!

성훈

음...미안하지만 아닌 듯...

누구에게나
She's kind. 그녀는 친절해.

보내기

DAY 29

그녀는 애가 아니야.
She's not a child.   그녀는 (누구)가 아니야/(어떠)하지 않아

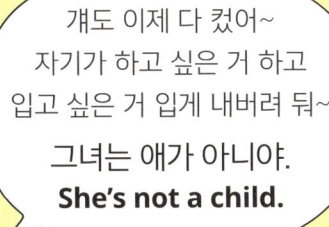
그녀도 이제 다 컸어~
자기가 하고 싶은 거 하고
입고 싶은 거 입게 내버려 둬~
그녀는 애가 아니야.
She's not a child.

이렇게 말해요!

'애'는 a child, '그녀는 애가 아니야'는 그 앞에 **She's not**을 붙이면 돼요. 마찬가지로 '바쁜'은 busy, '그녀는 바쁘지 않아'는 그 앞에 **She's not**을 붙이면 돼요.

- 그녀는 애가 아니야.   **She's not** a child.
- 그녀는 바쁘지 않아.   **She's not** busy.

영어 문장을 **따라하며** 에코잉 해 보세요.

🎧 MP3를 들으며 메아리처럼 에코잉 해 보세요.

She's not ~   그녀는 (누구)가 아니야

😊 그녀는 학부모야. '그녀는 선생님이 아니야.' 〔영어 문장이 실제로 쓰이는 상황을 같이 보면 더 기억하기 쉬워요〕
She's not a teacher.   그녀는 선생님이 아니야.

😊 내가 잘못 알고 있었나 봐. '그녀는 화가가 아니야.'
She's not a painter.   그녀는 화가가 아니야.

😊 빵을 진짜 잘 굽지만, '그녀는 제빵사가 아니야.'
She's not a baker.   그녀는 제빵사가 아니야.

😊 신입 사원이야. '그녀는 매니저가 아니야.'
She's not a manager.   그녀는 매니저가 아니야.

😊 이 동네 주민이야. '그녀는 관광객이 아니야.'
She's not a tourist.   그녀는 관광객이 아니야.

😊 춤은 잘 추지만, '그녀는 댄서가 아니야.'
She's not a dancer.   그녀는 댄서가 아니야.

😊 우리 친구야. '그녀는 내 언니가 아니야.'
She's not my sister.   그녀는 내 언니가 아니야.

baker [베이커] 제빵사   tourist [투어리스트] 관광객

우리말만 보고 영어로 **자동발사** 해 보세요.

🎧 MP3를 들으며 자동발사가 되는지 확인해 보세요.

그녀는 (누구)가 아니야   She's not ~

그녀는 학부모야.
그녀는 선생님이 아니야.   📢 She's not a teacher.

내가 잘못 알고 있었나 봐.
그녀는 화가가 아니야.

빵을 진짜 잘 굽지만,
그녀는 제빵사가 아니야.

신입 사원이야.
그녀는 매니저가 아니야.

이 동네 주민이야.
그녀는 관광객이 아니야.

춤은 잘 추지만,
그녀는 댄서가 아니야.

우린 친구야.
그녀는 내 언니가 아니야.

영어 문장을 **따라하며 에코잉** 해 보세요.

🎧 MP3를 들으며 메아리처럼 에코잉 해 보세요.

He's not ~ 그는 (어떠)하지 않아

☺ 프로젝트가 끝나서 '그는 바쁘지 않아.'
He's not busy. 그는 바쁘지 않아.

☺ 항상 일찍 일어나. '그는 게으르지 않아.'
He's not lazy. 그는 게으르지 않아.

☺ 보기보다 '그는 나이가 많지 않아.'
He's not old. 그는 나이가 많지 않아.

☺ 보통 체형이지. '그는 뚱뚱하지 않아.'
He's not fat. 그는 뚱뚱하지 않아.

☺ 좋은 차를 끌긴 하지만, '그는 부유하지 않아.'
He's not rich. 그는 부유하지 않아.

☺ 점심을 늦게 먹어서 '그는 배고프지 않아.'
He's not hungry. 그는 배고프지 않아.

☺ 얼마나 깔끔한데! '그는 지저분하지 않아.'
He's not dirty. 그는 지저분하지 않아.

lazy [레이지] 게으른   **dirty** [덜티] 지저분한

우리말만 보고 영어로 **자동발사** 해 보세요.

MP3를 들으며 자동발사가 되는지 확인해 보세요.

그는 (어떠)하지 않아 — **He's not ~**

프로젝트가 끝나서
그는 바쁘지 않아. He's not busy.

항상 일찍 일어나.
그는 게으르지 않아.

보기보다
그는 나이가 많지 않아.

보통 체형이지.
그는 뚱뚱하지 않아.

좋은 차를 끌긴 하지만,
그는 부유하지 않아.

점심을 늦게 먹어서
그는 배고프지 않아.

얼마나 깔끔한데!
그는 지저분하지 않아.

영어 문장을 **따라하며** 에코잉 해 보세요.

🎧 MP3를 들으며 메아리처럼 에코잉 해 보세요.

Mom is not ~ 엄마는 (누구)가 아니야 / (어떠)하지 않아

☺ 선생님한테 물어봐~ '엄마는 선생님이 아니야.'
Mom is not a teacher.   엄마는 선생님이 아니야.

☺ 미대 나온 건 맞는데, '엄마는 화가가 아니야.'
Mom is not a painter.   엄마는 화가가 아니야.

☺ 제빵이 취미지만, '엄마는 제빵사가 아니야.'
Mom is not a baker.   엄마는 제빵사가 아니야.

☺ 집안일을 다 끝내서 '엄마는 바쁘지 않아.'
Mom is not busy.   엄마는 바쁘지 않아.

☺ 엄청 부지런하셔. '엄마는 게으르지 않아.'
Mom is not lazy.   엄마는 게으르지 않아.

☺ 일찍 결혼하셔서 '엄마는 나이가 많지 않아.'
Mom is not old.   엄마는 나이가 많지 않아.

☺ 식단 관리를 하셔서 '엄마는 뚱뚱하지 않아.'
Mom is not fat.   엄마는 뚱뚱하지 않아.

baker [베이커] 제빵사   **lazy** [레이지] 게으른

자동발사 톡!

우리말만 보고 영어로 **자동발사** 해 보세요.

> MP3를 들으며 자동발사가 되는지 확인해 보세요.

엄마는 (누구)가 아니야 / (어떠)하지 않아 — Mom is not ~

선생님한테 물어봐~
엄마는 선생님이 아니야. → Mom is not a teacher.

미대 나온 건 맞는데,
엄마는 화가가 아니야.

제빵이 취미지만,
엄마는 제빵사가 아니야.

집안일을 다 끝내서
엄마는 바쁘지 않아.

엄청 부지런하셔.
엄마는 게으르지 않아.

일찍 결혼하셔서
엄마는 나이가 많지 않아.

식단 관리를 하셔서
엄마는 뚱뚱하지 않아.

일상에서 쓰는 진짜 영어, 쉬운 영어!

4월 28일

아빠

저녁에 아빠가 맛있는 거 만들어줄게

오빠한테도 뭐 먹고 싶은지 물어봐

 딸

점심을 늦게 먹어서
He's not hungry. 그는 배고프지 않대.

아빠

아빠의 요리 실력을 못 믿나 보군

그럼 삼겹살 먹으러 갈 거라고 해봐

 딸

배고파 죽겠다고 아빠 언제 오시냐는데?
ㅋㅋㅋㅋㅋ

보내기

DAY 30

그는 가수니?
Is he a singer?

그는 (누구)니? / (어떠)하니?

이렇게 말해요!

'가수'는 a singer, '그는 가수니?'는 그 앞에 **Is he**를 붙이면 돼요. 마찬가지로 '준비된'은 ready, '그는 준비됐니?'는 그 앞에 **Is he**를 붙이면 돼요.

- 그는 가수니?   **Is he** a singer?
- 그는 준비됐니?   **Is he** ready?

영어 문장을 **따라하며** 에코잉 해 보세요.

🎧 MP3를 들으며 메아리처럼 에코잉 해 보세요.

Is he ~?   그는 (누구)니?

> 영어 문장이 실제로 쓰이는 상황을 같이 보면 더 기억하기 쉬워요!

😊 저기 키 큰 남자 봐봐. '그는 모델이니?'
Is he a model?   그는 모델이니?

😊 지난 번에 만났던 남자, '그는 편집장이니?'
Is he an editor?   그는 편집장이니?

😊 사복 입어서 몰랐는데, '그는 경찰관이니?'
Is he a police officer?   그는 경찰관이니?

😊 치대 나왔으면 '그는 치과의사니?'
Is he a dentist?   그는 치과의사니?

😊 프로필 사진에 나온 '그는 그녀의 아빠니?'
Is he her dad?   그는 그녀의 아빠니?

😊 친해 보이던데, '그는 네 친구니?'
Is he your friend?   그는 네 친구니?

😊 안경 쓴 그 남자분, '그는 네 남편이니?'
Is he your husband?   그는 네 남편이니?

editor [에디터] 편집장   **police officer** [폴리스 오퓌써] 경찰관   **husband** [허즈번드] 남편

우리말만 보고 영어로 **자동발사** 해 보세요.

🎧 MP3를 들으며 자동발사가 되는지 확인해 보세요.

| 그는 (누구)니? | **Is he ~?** |

저기 키 큰 남자 봐봐.
그는 모델이니?   📢 Is he a model?

지난 번에 만났던 남자,
그는 편집장이니?

사복 입어서 몰랐는데,
그는 경찰관이니?

치대 나왔으면
그는 치과의사니?

프로필 사진에 나온
그는 그녀의 아빠니?

친해 보이던데,
그는 네 친구니?

안경 쓴 그 남자분,
그는 네 남편이니?

영어 문장을 **따라하며** 에코잉 해 보세요.

 MP3를 들으며 메아리처럼 에코잉 해 보세요.

Is she ~?   그녀는 (어떠)하니?

☺ 다음 차례야. '그녀는 준비됐니?'
Is she ready?   그녀는 준비됐니?

☹ 오늘 결근했네. '그녀는 아프니?'
Is she sick?   그녀는 아프니?

☹ 아직도 '그녀는 화났니?'
Is she angry?   그녀는 화났니?

☺ 아직 결혼 안 했나? '그녀는 미혼이니?'
Is she single?   그녀는 미혼이니?

☺ 원래 그렇게 '그녀는 조용하니?'
Is she quiet?   그녀는 조용하니?

☺ 너 여자 친구 생겼다며? '그녀는 예쁘니?'
Is she pretty?   그녀는 예쁘니?

☺ 여동생은 좀 어때? '그녀는 건강하니?'
Is she healthy?   그녀는 건강하니?

quiet [콰이어트] 조용한

우리말만 보고 영어로 **자동발사** 해 보세요.

🎧 MP3를 들으며 자동발사가 되는지 확인해 보세요.

그녀는 (어떠)하니?   **Is she ~?**

다음 차례야.
그녀는 준비됐니?   📢 Is she ready?

오늘 결근했네.
그녀는 아프니?

아직도
그녀는 화났니?

아직 결혼 안 했나?
그녀는 미혼이니?

원래 그렇게
그녀는 조용하니?

너 여자 친구 생겼다며?
그녀는 예쁘니?

여동생은 좀 어때?
그녀는 건강하니?

영어 문장을 **따라하며** 에코잉 해 보세요.

🎧 MP3를 들으며 메아리처럼 에코잉 해 보세요.

Is 지호 ~?
지호는 (누구)니 / (어떠)하니?

😊 난 가수인 줄 알았어. '지호는 모델이니?'
Is 지호 a model?   지호는 모델이니?

😊 출판사에 있다던데. '지호는 편집장이니?'
Is 지호 an editor?   지호는 편집장이니?

😊 경찰 시험 합격했다며? '지호는 경찰관이니?'
Is 지호 a police officer?   지호는 경찰관이니?

😊 우린 지금 나갈 거야. '지호는 준비됐니?'
Is 지호 ready?   지호는 준비됐니?

😐 안색이 안 좋아 보이던데. '지호는 아프니?'
Is 지호 sick?   지호는 아프니?

☹️ 어떻게 해... '지호는 화났니?'
Is 지호 angry?   지호는 화났니?

😊 결혼한 줄 알았는데. '지호는 미혼이니?'
Is 지호 single?   지호는 미혼이니?

---

editor [에디터] 편집장   **police officer** [폴리스 오피써] 경찰관

우리말만 보고 영어로 **자동발사** 해 보세요.

MP3를 들으며 자동발사가 되는지 확인해 보세요.

지호는 (누구)니 / (어떠)하니?   **Is 지호 ~?**

난 가수인 줄 알았어.
지호는 모델이니? → Is 지호 a model?

출판사에 있다던데,
지호는 편집장이니?

경찰 시험 합격했다며?
지호는 경찰관이니?

우린 지금 나갈 거야.
지호는 준비됐니?

안색이 안 좋아 보이던데,
지호는 아프니?

어떻게 해...
지호는 화났니?

결혼한 줄 알았는데,
지호는 미혼이니?

일상에서 쓰는 진짜 영어, 쉬운 영어!

5월 20일

 성훈 엄마
자기 대신 반상회 오신 분 있잖아~

안경 쓴 그 남자분
Is he your husband? 그가 자기 남편이야?

혜정 엄마
네~^^ 어제 처음 간 건데 뭐 실수한 건 없죠?

 성훈 엄마
전혀~ 오히려 고맙지~

다음 반상회는 705호에서 하겠다고 해주시던걸?

혜정 엄마
네???? 저희 집에서요?!

 보내기